DIANLI JIANSHE QIYE KEJI GUANLI
BIAOZHUNHUA SHOUCE

电力建设企业科技管理
标准化手册

中国电建集团山东电力建设第一工程有限公司　组　编

张洪梅　主　编

刘永阳　郝好峰　张俭平　副主编

中国电力出版社
CHINA ELECTRIC POWER PRESS

内 容 提 要

本书依据乌龟图和 5W1H 分析法,对电力建设企业科技管理主要业务的流程进行了梳理分析,确定了关键节点,编制完善了科技管理工作业务相关内容。主要包括 3 篇 13 章内容,第一篇科技创新政策,阐述了国家科技创新相关政策、电力行业科技创新政策;第二篇科技创新体系建设,阐述了科技创新体系、科技创新发展战略和规划、科技创新组织机构、科技创新制度、科技创新人才队伍建设、产学研合作、科技创新研发平台建设、科技创新信息化建设;第三篇科技创新业务管理,阐述了企业技术中心运行、高新技术企业运行、知识产权管理;并附有相应的工作表单,可操作性强,通俗易懂。

本书可为电力建设企业科技创新管理工作提供一定的借鉴,也可为具体科管理业务的开展提供现实、有效的参考。

图书在版编目(CIP)数据

电力建设企业科技管理标准化手册/中国电建集团山东电力建设第一工程有限公司组编;张洪梅主编 . —北京:中国电力出版社,2021.12

ISBN 978 - 7 - 5198 - 5834 - 6

Ⅰ.①电… Ⅱ.①中…②张… Ⅲ.①电力工业-工业企业-科学技术管理-中国-手册 Ⅳ.①F426.61 - 62

中国版本图书馆 CIP 数据核字(2021)第 248137 号

出版发行:中国电力出版社
地　　址:北京市东城区北京站西街 19 号(邮政编码 100005)
网　　址:http://www.cepp.sgcc.com.cn
责任编辑:孙建英(010—63412369)
责任校对:黄　蓓　郝军燕
装帧设计:赵姗姗
责任印制:吴　迪

印　　刷:三河市万龙印装有限公司
版　　次:2021 年 12 月第一版
印　　次:2021 年 12 月北京第一次印刷
开　　本:787 毫米×1092 毫米　16 开本
印　　张:10.75
字　　数:231 千字
印　　数:0001—1000 册
定　　价:80.00 元

编 委 会

进入 21 世纪以来，世界处于百年未有之大变局下，科技创新已成为影响和改变未来各行业发展的关键力量。电力行业作为关系国计民生的基础产业，科技创新已经成为引领电力行业发展的第一动力。当前，我国火电行业去产能、加快结构调整和转型升级已是形势所迫、大势所趋，在激烈的市场竞争中，加快提升科技创新综合能力是企业在新的机遇与挑战下可持续发展的关键。

中国电建集团山东电力建设第一工程有限公司作为新中国成立后组建的一支专业化电力工程建设力量，经过 60 多年的风雨兼程，公司已发展成为业务综合、集团管控、多元发展的国有大型电力工程公司。近年来，面对前所未有的复杂环境和巨大挑战，公司坚持"自主创新、重点跨越、引领新兴、特色发展"的科技发展战略，聚焦重点，锐意创新，在科技创新体系建设和能力提升等方面取得较好成绩，公司科技管理工作体系化、规范化、标准化、信息化建设发展水平得到有效提升，积累了丰富的科技创新管理经验，科技创新管理工作走在了行业发展的前列。

为积极响应国家创新型企业建设，深入实施创新驱动发展战略，落实中央企业科技创新发展要求，认真总结科技创新管理工作经验，进一步提升科技创新管理工作水平，中国电建集团山东电力建设第一工程有限公司组织编写了本手册。本手册依据乌龟图和 5W1H 分析法，对企业科技管理主要业务的流程进行了梳理分析，确定了关键节点，编制完善了科技管理工作业务相关内容，主要包括科技创新政策、科技创新体系建设、企业技术中心运行、高新技术企业运行、知识产权管理等各个方面，并附有相应的工作表单，可操作性强，通俗易懂，可为电力建设企业科技创新管理工作提供一定的借鉴，为具体科技管理业务的开展提供现实、有效的参考，是一本非常具有实用价值的科技管理参考书籍。

2021 年 8 月

前　言
电力建设企业科技管理标准化手册

党的十九大报告指出，创新是引领发展的第一动力，是建设现代化经济体系的战略支撑。充分发挥科技创新在高质量发展中的支撑引领作用，保持经济持续健康发展，是当前和今后一个时期科技工作的重要任务。

新时期我国电力发展的基本方针是：提高能源效率，保护生态环境，加强电网建设，大力开发水电，优化发展煤电，积极推进核电建设，适度发展天然气发电，鼓励新能源和可再生能源发电，带动装备工业发展，深化体制改革。在此方针的指导下，电力施工企业的科技创新研究就要提前进行合理布局，加快技术升级，节约资源，保护环境，提升施工技术水平，形成企业的核心竞争力。但目前电力施工企业的研发体系建设，研发组织能力，研发活动管理水平，成果产出及转化能力等还远远没有跟上，无法保证企业的研发投入能够有效地转化成企业长期可持续的收入，因此电力施工企业急需开展科研活动的规范化、标准化等方面的研究。

中国电建集团山东电力建设第一工程有限公司是国家级高新技术企业，坚持"自主创新、重点跨越、引领新兴、特色发展"的科技发展战略，在科技创新体系标准化建设和创新能力提升等方面开展了大量的研究，并取得了一定的研究成效。公司特组织编写了本书，翔实地总结了公司多年从事科技创新工作的经验和教训，希望能给从事电力施工企业的相关单位提供借鉴。

在本书的编写过程中，中国电力出版社给予了大力的支持，在此表示衷心的感谢。由于编者的专业水平、时间和能力所限，本书不妥之处在所难免，期望读者和同行批评指正。

编者
2021 年 8 月

目　录

➡ **第三篇　科技创新业务管理**

第一篇

科技创新政策

第一章

国家科技创新相关政策

中华人民共和国成立以来，从"向科学进军"到"科学技术是第一生产力"，从"科教兴国战略"到"创新驱动发展战略"，我国的科技创新政策经历了从无到有、从点到面、从零散到系统、从中央到地方等不同维度的变化，已形成多主体、多元化、多层次的科技创新政策体系。这些政策的实施，对指导各类科技活动开展，促进科技与经济紧密结合，支撑国家科技创新能力稳步提升发挥了根本性的保障作用。科技创新政策发展过程中，始终立足中国特色的科技创新实践，将促进科技与经济紧密结合作为科技创新政策设计的一条主线；始终面向世界科技发展前沿，在不断深化改革开放中提高自主创新能力；始终借鉴吸收科技创新理论的新趋势、新观点，从线性创新、开放创新、协同创新等方面不断加强国家创新体系建设。整体上，我国国家创新政策发展经历了五大阶段。

一、第一阶段：向科学进军

中华人民共和国成立以后，科学技术事业进入了新的发展阶段，通过科学技术政策支持、引导和调整科技事业发展成为党与政府一项重要的使命。这个阶段，我国在科技政策方面开始了起步性的探索，奠定了基本的制度基础。

1949年9月，在中国人民政治协商会议第一届全体会议上，通过了起临时宪法作用的《共同纲领》。《共同纲领》第四十三条规定："努力发展自然科学，以服务于工业农业和国防的建设。奖励科学的发现和发明，普及科学知识。"1954年召开的第一届全国人民代表大会，第一次明确地提出要实现工业、农业、交通运输业和国防的四个现代化的任务，1956年又一次把这一任务列入中国共产党第八次全国代表大会所通过的党章中。

1956年，我国对农业、手工业和资本主义工商业的社会主义改造基本完成，为了集中力量发展经济，对技术能力的提高开始进入中央政府的议程。1956年1月，中共中央发出了"向科学进军"的号召。同期，经过全国600多位科学专家的共同努力，中华人民共和国第一个科学技术发展远景规划，即《1956—1967年科学技术发展远景规划纲要（修正草案）》成功颁布。从此我国的科学技术事业有了一个长期、全面的规划，这是我国科学技术史上的一件大事。《1956—1967年科学技术发展远景规划（修正草案）》提出12个重点任务，对全国科研体制、人才用方针、机构设置等做了规定。在此基础上，根据我国社会主义建设的任务，并参照世界科学技术进展的情况，在1963年又制定了《十年科技规划》等文件。

1961 年 6 月，国家科学技术委员会党组和中国科学院党组提出《关于自然科学研究机构当前工作的十四条意见（草案）》（简称《科研工作十四条》），同年 7 月中共中央批准试行，后来被称为科学工作的第一部"宪法"，是第一个全面系统的科技政策文件。《科研工作十四条》中最重要的是知识分子政策，从对我国知识分子阶层做出正确的政治判断，到保障他们的科学研究工作条件，必要的选题自由度都做出了明确规定。

二、 第二阶段： 科学技术是第一生产力

1978 年 3 月，中共中央召开全国科学技术大会，邓小平在会上做了重要讲话。他明确指出"科学技术是生产力"，重申知识分子是工人阶级的一部分，是"为社会主义服务的脑力劳动者，是劳动人民的一部分"，强调"必须打破常规去发现、造就和培养杰出的人才"，把"尽快培养出一批具有世界一流水平的科学技术专家，作为科学、教育战线的重要任务"。该大会还通过了《1978—1985 年全国科学技术发展规划纲要（草案）》。由此，中国迎来"科学的春天"。一大批知识分子的冤假错案得以平反，大批知识分子重新回到教学科研岗位。国家科学技术委员会和地方科学技术委员会相继恢复。中国科学技术协会和专业学会积极开展工作。中国科学院大批划归地方的研究机构重新回归，并成立了一批新的科研机构。《中华人民共和国发明奖励条例》《中华人民共和国自然科学奖励条例》《中华人民共和国技术改进奖励条例》《中华人民共和国科学技术进步奖励条例》《中华人民共和国专利法》相继颁布实施。1982 年，党中央明确地把科学技术列为国家经济发展的战略重点，并提出了中国的科技事业应以"经济建设必须依靠科学技术，科学技术工作必须面向经济建设"为战略方针。"依靠"和"面向"战略的核心思想是促进科技与经济相结合，促进科学技术的生产力功能的发挥。

三、 第三阶段： 科教兴国战略

在经济全球化背景下，科技、教育、产业、贸易等领域不同创新要素的互动变得更为重要，人们对创新活动的组织也有了更深的认识，创新系统、三螺旋等创新理论应运而生。

1992 年，中国确立了社会主义市场经济体制的发展方向，要求科技政策围绕市场经济的发展进行调整。党的十四届三中全会发布的《中共中央关于建立社会主义市场经济体制若干问题的决定》，对深化经济体制改革做出了全面部署。科技体制改革作为经济体制改革的配套工程，将走向全面推进、配套实施的新阶段。

1995 年 5 月 6 日，《中共中央、国务院关于加速科学技术进步的决定》颁布，表明中国将重点依靠科技、教育来推动经济发展和社会进步，《中共中央、国务院关于加速科学技术进步的决定》指出，"科学技术是第一生产力，科技进步是经济发展的决定性因素……要从国家长远发展需要出发，制定中长期科学发展规划，统观全局，突出重点，有所为，有所不为，加强基础性研究和高技术研究，加快实现高技术产业化。"

1999 年召开的全国技术创新大会，发布了《关于加强技术创新、发展高科技、实

现产业化的决定》，促使科技体制改革进一步深化。与创新大会相呼应，当时国家在全国技术创新大会前后出台了许多新的政策，如《关于促进科技成果转化的政策》；1999年2月，国务院办公厅转发的科学技术部、国家经济贸易委员会等六部门《关于国家经贸委管理的10个国家局所属科研机构管理体制改革的实施意见》；2000年6月国务院发布的《鼓励软件产业和集成电路产业发展的若干政策》，在1999年前后，形成了一股推动技术创新，发展高科技的高潮。

2001年，中国加入了世界贸易组织（WTO），对科技创新政策也提出了新的参考标准，在研发补贴、投资、税收、知识产权等政策方面需要进行对应的调整或新的设计。在前期基础上，这个阶段的政策重点则从科学、技术逐步拓展到创新领域，科技与经济的紧密结合成为科技体制改革和政策设计的一条主线，面向高技术发展、科技成果转化等领域出台了大量的财税、金融和产业政策。

四、第四阶段：提高自主创新能力

经过40年的改革开放，我国已经成为世界经济大国，工业化发展取得了巨大进步，制造业在全球形成了史无前例的影响。这种粗放型的经济增长模式在一定时期内是中国发展的必然选择，是客观、合理的。但当经济增长到一定规模后，这种发展方式就无法持续，并带来了一系列的矛盾和问题。

在社会主义市场经济体制的框架初步建立后，2003年10月召开的中共十六届三中全会通过了《中共中央关于完善社会主义市场经济体制若干问题的决定》，开始进一步深化财税、金融、投资等体制改革。2004年，在中央召开的经济工作会议上，明确地提出"自主创新是推进经济结构调整的中心环节"的论断。2006年1月，全国科学技术大会召开，发布了《国家中长期科学和技术发展规划纲要（2006—2020年）》（简称《规划纲要》），以此为标志，预示了我国科技发展战略向自主创新的重大转变和调整。该《规划纲要》立足国情、面向世界，以增强自主创新能力为主线，以建设创新型国家为奋斗目标，对我国未来15年科学和技术发展做出了全面规划与部署。《规划纲要》提出我国科学技术发展的指导方针是自主创新、重点跨越、支撑发展、引领未来。这一方针，是我国半个多世纪科技事业发展实践经验的概括总结，是面向未来、实现中华民族伟大复兴的重要抉择。在这个阶段，经过前期积累，我国面向科学、技术的政策已涉及方方面面，创新政策正在快速形成，进入了更加注重协调、衔接的创新体系时代。

第一，科技创新政策体系初步形成。2006年，全国科技大会召开以后，国家更加重视科技政策的制定和实施，为提高自主创新能力，建设创新型国家创造良好的政策环境。围绕着《规划纲要》的贯彻实施，国家层面出台了78条配套政策及实施细则，主要涉及科技投入、税收激励、金融支持、政府采购、知识产权保护、加强统筹协调、科技创新基地与平台、引进消化吸收再创新、人才、教育、科普等11个方面。这促进了国家科技创新政策体系的建设，形成了多层次、较为完整的科技创新政策体系，体现了科技政策与经济政策相融合、引导企业成为技术创新主体的特点。

第二，全面推进国家创新体系建设。2012年，中共中央、国务院召开了科技创新大会，发布了《关于深化科技体制改革加快国家创新体系建设的意见》，全面部署了科技体制改革，围绕该意见的落实，各部门共出台了 200 多项改革政策文件，在中央财政科技计划管理改革、院士制度改革、科技奖励制度改革等方面，在新时期制定科技创新政策、发挥科技创新政策作用、科技创新政策执行与监督等方面已经取得了重大进展。

第三，优化宏观科技资源配置。2006 年，科学技术部发布了《关于国家科技计划管理改革的若干意见》，对国家科技计划体系进行了调整，形成了由重大专项和基本计划组成的新体系，突出了重点目标，进一步夯实了创新基础。例如，设立科技重大专项，突出国家重大战略需求；加强科技基础条件建设，发布了《2004—2010 年国家科技基础条件平台建设纲要》《关于开展国家科技基础条件平台认定和绩效考核工作的通知》等政策；完善政策引导类计划，加速了科技成果转化应用。

五、 第五阶段： 创新驱动发展战略

近年来，世界多极化、经济全球化、文化多样化、社会信息化深入发展，世界经济在深度调整中曲折复苏，新一轮科技革命和产业变革蓄势待发。从理论上来看，创新系统仍是政策框架涉及的主流。与此同时，治理理论、分享经济理论、包容性创新理论等理论也对创新政策制定产生着越来越大的影响。我国经济发展进入新常态，处于经济发展方式转变和经济结构调整的关键时期，这要求进一步解放思想，加快科技体制改革的步伐，破除一切束缚创新驱动发展的观念和体制机制障碍，更充分发挥科技创新的支撑引领作用，让科技创新更加紧密地面向经济社会发展。从科技自身发展来看，经过中华人民共和国成立以来特别是改革开放以来的不懈努力，我国科技发展取得了举世瞩目的伟大成就，科技整体能力持续提升，一些重要领域方向跻身世界先进行列，某些前沿方向开始进入并行、领跑阶段，正处于从量的积累向质的飞跃、点的突破向系统能力提升的重要时期。从整体上看，国家整体发展对科技创新的期待和重托前所未有。

党的十八大以来，党中央放眼世界、立足全局、面向未来，做出了实施创新驱动发展战略的重大决策，把科技创新作为提高社会生产力和综合国力的战略支撑，摆在国家发展全局的核心位置，围绕实施创新驱动发展战略、加快推进以科技创新为核心的全面创新。2016 年 5 月 19 日，中共中央、国务院印发《国家创新驱动发展战略纲要》。2016 年 5 月 30 日召开的全国科技创新大会，习近平总书记提出了中国科技发展"三步走"的战略目标，吹响了建设世界科技强国的号角。这些任务的落实，需要健全科技创新政策体系，完善各项对应政策，最终调整形成新的生产关系，释放科技生产力。2015年 9 月 25 日，《深化科技体制改革实施方案》的颁布，以构建中国特色国家创新体系为目标，围绕企业技术创新主体地位、激发科研院所和高等学校的创新活力、改革人才评价和激励机制、促进科技成果等 10 个方面进行了全面部署，提出了 32 项改革举措、143 项政策措施。综合 2012 年以来的政策措施，我国已全面进入了科技创新政策的阶段，既强调科技自身发展，又关注各类创新主体建设及其之间的协同、互动、开放，也围绕激励创新的公平竞争环境，将保护知识产权、制约行业垄断、改进市场准入、健全

产业技术政策等作为未来政策完善的重要方向。

进入 21 世纪以来，科技创新已成为国际竞争中成败的主导因素，科技竞争力将决定一个国家或地区在未来世界竞争格局中的命运和前途，成为维护国家安全、增进民族凝聚力的关键所在。党的十八大做出了深入实施创新驱动发展战略的重大部署，强调科技创新是提高社会生产力和综合国力的战略支撑，必须摆在国家发展全局的核心位置。

为推动创新驱动发展战略实施，国家提出了加快建设创新型国家的目标。第一步，到 2020 年进入创新型国家行列；第二步，到 2030 年跻身创新型国家前列；第三步，到 2050 年建成世界科技创新强国。

随着创新驱动发展战略深入实施，国家不断加大创新投入力度，密集出台了系列政策和相应措施，先后制定了《国家创新驱动发展战略纲要》《国家中长期科学和技术发展规划纲要（2006—2020 年）》《"十三五"国家创新规划》《"十三五"国家战略性新兴产业发展规划》《国务院关于强化实施创新驱动发展战略进一步推进大众创业万众创新深入发展的意见》等政策文件，就创新驱动发展做出重要部署，为企业创新发展指明了发展和改革方向，也为企业成为技术创新主体营造了更好的发展空间。

第一，提升企业技术创新能力。在充分发挥市场配置资源的决定性作用、引导企业加强研发的同时，以贯彻落实国务院办公厅《关于强化企业技术创新主体地位全面提升企业创新能力的意见》为主线，积极发挥政府的政策引导作用，加快推动以企业为主体、市场为导向、产学研相结合的技术创新体系建设。不断完善引导企业加大研发投入的机制，出台了《国家科技计划及专项资金后补助管理规定》《民口科技重大专项后补助项目（课题）资金管理办法》，引导企业按照国家战略和市场需求先行投入开展研发活动。完善和落实企业研发费用税前加计扣除等政策。扩大中关村国家自主创新示范区"1+6"相关税收政策的试点范围，做好相关试点政策在其他具备条件区域的落实工作。

第二，推进协同创新。重点围绕深化科研院所改革和高校科研体制改革、促进民办科研机构发展、推动区域创新体系建设、完善军民科技融合创新体系建设、加强科技中介服务体系建设等展开部署，促进各创新主体协同发展，加速要素流动，提升国家创新体系整体效能，如发布《国务院关于加快科技服务业发展的若干意见》。

第三，加强资源统筹协调和开放共享。2014 年，中央以科技计划改革为突破口，发布了《关于深化中央财政科技计划（专项、基金等）管理改革的方案》等重要文件，从体制机制上为创新驱动发展战略的实施建立了良好的政策环境。

第四，完善人才评价和激励机制。重点围绕深化科技评价和奖励制度改革、完善科技人才流动机制、推进院士制度改革等展开部署，充分发挥科技评价和激励的导向作用，改革和完善创新人才发展机制，以充分调动和激发人的积极性与创造性，真正做到人才驱动。制定《关于深化高等学校科技评价改革的意见》，推动建立激励约束并重，与科技、教育、经济规律相适应的评价体系，建立以创新质量和实际贡献为导向的科技评价机制。推进《国家科学技术奖励条例》及其实施细则的修订，加大对团队协同创新、青年人才和企业技术创新奖励力度，推进《社会力量设立科学技术奖管理办法》的修订，推动社会力量设奖有序发展。

　　第五，促进科技成果转化。重点围绕加速科技成果转化展开部署，加强相关制度环境和服务支撑体系建设，完善相关法律法规和政策措施，打通成果转化通道，使科技成果转化为实实在在的产业活动和经济效益。例如，《中华人民共和国科学技术进步法》的修订实施，国家中长期人才规划、教育规划相继出台，使知识产权战略实施力度明显增强。科技与金融结合机制建立健全。

第二章

电力行业科技创新相关政策

→ 第一节　电力行业科技创新背景

一、 世界能源科技发展现状与趋势

当前，以新兴能源技术为代表的新一轮科技革命和产业变革正在兴起，正在并将持续改变世界能源格局。非常规油气和深水油气、化石能源清洁高效利用、可再生能源、智能电网、安全先进核能等一大批新兴能源技术正在改变传统能源格局。

在战略层面，主要能源大国均制定政策措施加强技术创新，积极部署发展清洁能源技术，着力通过提升能源产业结构开辟新的经济增长点。欧盟通过制定《2050 能源科技路线图》提出太阳能、风能、智能电网、生物能源、碳捕集与封存、核聚变以及能源效率等为主攻方向的发展思路，突出可再生能源在能源供应中的主体地位。日本先后出台《面向 2030 年能源环境创新战略》和《能源基本计划》，提出能源保障、环境、经济效益和安全并举的方针，继续支持发展核能，推进节能和可再生能源，发展储能技术，规划绿色能源革命的发展路径。美国发布了《全面能源战略》，并陆续出台提高能效、发展太阳能、四代和小型模块化核能等清洁电力新计划。

纵观全球能源技术发展动态和主要能源大国推动能源科技创新的举措，可以得到以下结论和启示：一是能源科技创新进入高度活跃期，新兴能源技术正以前所未有的速度加快对传统能源技术的替代，对世界能源格局和经济发展将产生重大而深远的影响。二是绿色低碳是能源科技创新的主要方向，重点集中在传统化石能源清洁高效利用、新能源大规模开发利用、核能安全利用、能源互联网和大规模储能技术、先进能源装备及关键材料等领域。三是世界主要国家均把能源技术视为新一轮科技革命和产业革命的突破口，制定各种政策措施抢占发展制高点，增强国家竞争力并保持领先地位。

二、 我国能源科技发展现状与趋势

改革开放以来，中国经济实现了跨越式的发展。国内生产总值从 1987 年的 3679 亿元，增长至 2018 年的 900309 亿元，仅次于美国，位居世界第二。40 年间，中国从一个以农业为主体的贫困国家，发展成为世界第二大经济体，并逐渐向多元结构经济体的目标迈进。在中国的经济发展过程中，能源发展一直是伴随经济发展的热点和难点问题。经济的高速增长伴随着巨大的能源消费。2011 年，中国成为世界第一能源消费大国。能源成为中国经济发展的基础，能源政策的制定也成为中国各阶段政策规划的重中之重。

随着新一轮工业革命兴起，应对气候变化日益成为全球共识，能源技术正在成为引领能源产业变革、实现创新驱动发展的原动力。尊重能源科技创新规律，把握世界能源技术发展趋势，重视能源科技创新体系的建立和完善，提高能源技术创新能力和装备制造水平，通过能源技术革命促进能源生产和消费模式的转变已成为我国能源产业历史性选择。

"十二五"期间，我国能源技术自主创新能力和装备国产化水平显著提升，部分领域达到国际先进水平，但还需紧跟能源产业转型升级步伐，集中力量突破重大关键技术瓶颈，为全面构建我国安全、绿色、低碳、经济和可持续的现代能源产业体系提供技术支撑。

"十二五"期间我国能源技术创新为打造新型能源产业奠定了坚实基础，但与新时期推动能源生产和消费方式革命的战略目标还有较大差距，突出表现为：创新模式有待升级，引进消化吸收的技术成果较多，与国情相适应的原创性成果不足；创新体系有待完善，创新投入的低收益问题仍较为突出；部分关键核心技术装备仍受制于人，重大能源工程依赖进口设备的现象仍较为普遍，技术"空心化"和技术"对外依存度"偏高的现象尚未完全。

"十三五"时期是我国大力推动能源产业转型升级，实现"四个革命、一个合作"的关键时期，通过不断创新发展思路，不断健全能源科技创新体系，不断夯实能源科技创新基础，集中力量突破重大关键技术瓶颈，以科技为先导，引领能源生产和消费方式的重大变革，按照应用推广一批、试验示范一批、集中攻关一批的发展路径推动能源技术革命，重点发展清洁高效化石能源技术、新能源电力系统技术、安全先进核能技术、战略性能源技术、能源基础材料技术等，是未来五年我国能源科技创新的重大使命。

➡ 第二节 电力行业科技创新政策及相关要求

电力是关系国计民生的基础产业，科技创新是引领电力行业发展的第一动力。党中央把科技创新摆在前所未有的重要高度，强调要把创新摆在国家发展全局的核心位置，发挥以科技创新为核心的全面创新。把握全球电力科技创新新特征、新趋势、新动向，立足我国电力行业发展对科技创新的需求，加强电力行业科技创新工作顶层设计，国家先后制定出台《能源技术革命创新行动计划（2016—2030年）》《能源发展"十三五"规划》《电力发展"十三五"规划》等一系列政策文件，对清洁燃煤发电、先进可再生能源、新一代核电、现代电网、能源互联网等先进适用技术，以及超导输电、燃气轮机等战略性技术装备的发展进行了系统谋划，提出了较为全面、系统、科学的路线图和时间表，部署了相关创新行动和示范任务，为我国电力行业技术创新工作提供了总体遵循和行动指南。以下为部分政策内容及要求摘录。

一、《能源技术革命创新行动计划（2016—2030年）》

2016年，国家发展改革委、国家能源局下发了《能源技术革命创新行动计划（2016—2030年）》（简称《计划》），并同时发布了《能源技术革命重点创新行动路线图》(简称《路线图》)。

《计划》明确了我国能源技术革命的总体目标:到 2020 年,能源自主创新能力大幅提升,一批关键技术取得重大突破,能源技术装备、关键部件及材料对外依存度显著降低,我国能源产业国际竞争力明显提升,能源技术创新体系初步形成;到 2030 年,建成与国情相适应的完善的能源技术创新体系,能源自主创新能力全面提升,能源技术水平整体达到国际先进水平,支撑我国能源产业与生态环境协调可持续发展,进入世界能源技术强国行列。

《计划》列举了包括"非常规油气和深层、深海油气开发技术创新""煤炭清洁高效利用技术创新""二氧化碳捕集、利用与封存技术创新""先进核能技术创新""乏燃料后处理与高放废物安全处理处置技术创新""氢能与燃料电池技术创新""先进储能技术创新""能源互联网技术创新"等 15 项重点任务。而《路线图》则明确了上述 15 项重点任务的具体创新目标、行动措施以及战略方向。

2016 年,国家发展改革委、国家能源局印发了关于印发能源发展"十三五"规划的通知。《能源发展"十三五"规划》(简称《规划》)提出,要贯彻落实五大发展理念,主动适应、把握和引领新常态,遵循能源发展"四个革命、一个合作"的战略思想,坚持以推进能源供给侧结构性改革为主线,以满足经济社会发展和民生需求为立足点,以提高能源发展质量和效益为中心,着力优化能源系统,着力补上发展短板,着力培育新技术新产业新业态新模式,着力提升能源普遍服务水平,全面推进能源生产和消费革命,努力构建清洁低碳、安全高效的现代能源体系。

《规划》强调,要坚持六个"更加注重"的政策取向,更加注重发展质量,调整存量、做优增量,积极化解过剩产能;更加注重结构调整,推进能源绿色低碳发展;更加注重系统优化,积极构建智慧能源系统;更加注重市场规律,积极变革能源供需模式;更加注重经济效益,增强能源及相关产业竞争力;更加注重机制创新,促进市场公平竞争。《规划》既总结了前期能源发展、能源变革的经验和成就,又对未来五年的能源革命、绿色低碳发展做出了具体部署和安排,《规划》是一个转型变革的规划,创新发展的规划。

二、《电力发展十三五规划》

2016 年 11 月,国家发展改革委、国家能源局正式发布《电力发展十三五规划》,规划指出,"十三五"时期是我国全面建成小康社会的决胜期、全面深化改革的攻坚期。电力是关系国计民生的基础产业,电力供应和安全事关国家安全战略,事关经济社会发展全局,面临重要的发展机遇和挑战。面对新形势,党中央、国务院明确提出了"推动消费、供给、技术、体制革命,全方位加强国际合作"能源发展战略思想,以及"节约、清洁、安全"的能源发展方针,为电力工业持续健康发展提供了根本遵循。

规划内容涵盖水电、核电、煤电、气电、风电、太阳能发电等各类电源和输配电网,重点阐述"十三五"时期我国电力发展的指导思想和基本原则,明确主要目标和重点任务,是"十三五"电力发展的行动纲领和编制相关专项规划的指导文件、布局重大电力项目的依据,规划期为 2016—2020 年。

规划要求应用推广一批相对成熟、有市场需求的新技术，尽快实现产业化。试验示范一批有一定积累，但尚未实现规模化生产的适用技术，进一步验证技术路线和经济性。集中攻关一批前景广阔但核心技术受限的关键技术。鼓励企业增加研发投入，积极参与自主创新。

清洁高效发电技术。全面掌握拥有自主知识产权的超超临界机组设计、制造技术；以高温材料为重点，加快攻关 700℃ 超超临界发电技术；研究开展中间参数等级示范，实现发电效率突破 50％。推进自主产权的 60 万 kW 级超超临界循环流化床锅炉（circulating fluidized bed boiler，CFB）发电技术示范。加快整体煤气化联合循环（Integrated gasification combined cycle，IGCC）自主化设计制造攻关，在深入评估论证基础上推进大容量 IGCC 国产化示范应用，推进煤基梯级利用发电技术应用。加快燃煤与生物质耦合发电关键技术研发与应用。实践世界最先进的燃煤发电除尘、脱硫、脱硝和节能、节水、节地等技术；研究碳捕捉与封存（canbon capture storage，CCS）和资源化利用技术，适时开展应用示范。发展智能发电技术，开展发电过程智能化检测、控制技术研究与智能仪表控制系统装备研发，攻关高效燃煤发电机组、大型风力发电机组、重型燃气机组、核电机组等领域先进运行控制技术与示范应用。

先进电网技术与储能技术。开展大容量机电储能、熔盐蓄热储能、高效化学电池储能等多种储能示范应用，大幅降低单位千瓦建设成本，力争接近抽水蓄能电站水平，加快推广应用。继续推进特高压输电、大容量断路器、直流断路器、大容量柔性输电等先进电网技术的研发与应用。推进微电网关键技术研究及示范建设。推进高温超导等前沿技术领域的研究。开展电网防灾减灾技术研究。

电力行业网络与信息安全。建立健全信息技术产品选型安全审查机制，加强供应链安全管理。推进核心芯片、操作系统、数据库、应用软件等基础软硬件产品的安全可控能力建设。强化密码技术在电力行业网络安全工作中的支撑作用。加强联动协作与信息共享，持续提升电力行业网络安全综合检测预警及感知能力。

"互联网＋"智慧能源。将发电、输配电、负荷、储能融入智能电网体系中，加快研发和应用智能电网、各类能源互联网关键技术装备，实现智能化能源生产消费基础设施、多能协同综合能源网络建设、能源与信息通信基础设施深度融合，建立绿色能源灵活交易机制，形成新型城镇多种能源综合协同、绿色低碳、智慧互动的供能模式。

三、《能源技术创新 "十三五" 规划》

2016 年 12 月，为践行能源"四个革命、一个合作"的战略思想，贯彻能源发展规划总体要求，进一步推进能源技术革命，发挥科技创新在全面创新中的引领作用，国家能源局组织编制了《能源技术创新"十三五"规划》（简称《规划》）。

《规划》指出，围绕由能源大国向能源强国转变的总体目标，瞄准国际能源技术发展的趋势，立足我国能源技术发展现状及科技创新能力的实际情况，从 2016 年到 2020 年集中力量突破重大关键技术、关键材料和关键装备，实现能源自主创新能力大幅提升、能源产业国际竞争力明显提升，能源技术创新体系初步形成。

规划按照《国民经济和社会发展第十三个五年规划纲要》《能源发展"十三五"规

划》要求，旨在发挥科技创新的引领作用，增强能源自主保障能力，提升能源利用效率，优化能源结构，推进能源技术革命。《规划》分析了能源科技发展趋势，以深入推进能源技术革命为宗旨，明确了2016年至2020年能源新技术研究及应用的发展目标。按照当前世界能源前沿技术的发展方向以及我国能源发展需求，聚焦于清洁高效化石能源、新能源电力系统、安全先进核能、战略性能源技术以及能源基础材料五个重点研究任务，推动能源生产利用方式变革，为建设清洁低碳、安全高效的现代能源体系提供技术支撑。

《规划》是《能源技术革命创新行动计划（2016—2030年）》在"十三五"期间的阶段性目标，是未来五年推进能源技术革命的重要指南，按照应用推广一批、示范试验一批、集中攻关一批的要求，针对能源技术创新中亟须突破的前沿技术规划了重点任务。

围绕由能源大国向能源强国转变的总体目标，瞄准国际能源技术发展的趋势，立足我国能源技术发展现状及科技创新能力的实际情况，从2016年到2020年集中力量突破重大关键技术、关键材料和关键装备，实现能源自主创新能力大幅提升、能源产业国际竞争力明显提升，能源技术创新体系初步形成。

在清洁高效化石能源技术领域，促进煤炭绿色高效开发，实现致密气、煤层气和稠重油资源的高效开发，推动页岩油气、致密油和海洋深水油气资源的有效开发。掌握低阶煤转化提质、煤制油、煤制气、油品升级等关键技术。进一步提高燃煤发电效率，提高燃煤机组弹性运行和灵活调节能力，攻克多污染物一体化脱除技术，整体能效水平达到国际先进水平。

在新能源电力系统技术领域，重点攻克高比例可再生能源分布式并网和大规模外送技术、大规模供需互动、多能源互补综合利用、分布式供能、智能配电网与微电网等技术，在机械储能、电化学储能、储热等储能技术上实现突破，提升电网关键装备和系统的技术水平；掌握太阳能、风能、水能等可再生能源为主的能源系统关键技术，开展海洋能、地热能利用试验示范工程建设，实现可再生能源大规模、低成本、高效率开发利用，支撑2020年非化石能源占比15％的战略目标。

在安全先进核能技术领域，建成自主产权的先进三代压水堆示范工程，掌握大型先进压水堆、高温气冷堆、快堆、模块化小型堆关键技术，钍基熔盐堆研究取得突破，深入研发先进核燃料技术、乏燃料及放射性废物先进后处理技术，建立适合我国大型压水堆核电厂延寿论证的技术体系。

在战略性能源技术领域，掌握微型、小型燃气轮机设计、试验和制造技术，实现中型和重型燃气轮机的设计、试验和制造自主化；突破高能量密度特种清洁油品关键技术，建设煤制油、生物航空燃油等示范工程；超导输电、储能装置达到国际先进水平；实现氢能、燃料电池成套技术产业化；可控核聚变、天然气水合物（可燃冰）利用技术得到进一步发展，总体达到国际先进水平。

在能源基础材料技术领域，研制出高温金属材料及核级材料，进一步提高光伏组件用高分子材料、储能用电极材料等技术参数，大幅降低成本，实现新型节能材料走向市场应用；掌握多种高效低成本催化材料生产技术。

在能源生产、输送、消费等各环节开展先进节能技术的研究，通过技术升级和系统集成优化实现能源利用效率明显提升、单位能耗明显下降。

四、《关于推进 "互联网＋" 智慧能源发展的指导意见》

2016年，国家发展改革委、能源局、工信部印发《关于推进"互联网＋"智慧能源发展的指导意见》（简称《指导意见》），指出在全球新一轮科技革命和产业变革中，互联网理念、先进信息技术与能源产业深度融合，正在推动能源互联网新技术、新模式和新业态的兴起。能源互联网是推动我国能源革命的重要战略支撑，对提高可再生能源比重，促进化石能源清洁高效利用，提升能源综合效率，推动能源市场开放和产业升级，形成新的经济增长点，提升能源国际合作水平具有重要意义。

《指导意见》还指出，能源互联网相关技术、模式及业态均处于探索发展阶段。基于这一判断，《指导意见》规划，能源互联网近中期将分为两个阶段推进，先期开展试点示范，后续进行推广应用，确保取得实效。

其中，第一个阶段为2016—2018年，着力推进能源互联网试点示范工作：建成一批不同类型、不同规模的试点示范项目。攻克一批重大关键技术与核心装备，能源互联网技术达到国际先进水平。初步建立能源互联网市场机制和市场体系。初步建成能源互联网技术标准体系，形成一批重点技术规范和标准。催生一批能源金融、第三方综合能源服务等新兴业态。培育一批有竞争力的新兴市场主体。探索一批可持续、可推广的发展模式。积累一批重要的改革试点经验。

第二个阶段为2019—2025年，着力推进能源互联网多元化、规模化发展：初步建成能源互联网产业体系，成为经济增长重要驱动力。建成较为完善的能源互联网市场机制和市场体系。形成较为完备的技术及标准体系并推动实现国际化，引领世界能源互联网发展。形成开放共享的能源互联网生态环境，能源综合效率明显改善，可再生能源比重显著提高，化石能源清洁高效利用取得积极进展，大众参与程度大幅提升，有力支撑能源生产和消费革命。

作为促进能源互联网的健康发展，《指导意见》提出了推动建设智能化能源生产消费基础设施、加强多能协同综合能源网络建设、推动能源与信息通信基础设施深度融合、营造开放共享的能源互联网生态体系、发展储能和电动汽车应用新模式、发展智慧用能新模式、培育绿色能源灵活交易市场模式、发展能源大数据服务应用、推动能源互联网的关键技术攻关、建设国际领先的能源互联网标准体系等10项多维度的重点任务。

《指导意见》鼓励建设智能风电场、智能光伏电站等设施及基于互联网的智慧运行云平台，实现可再生能源的智能化生产。鼓励用户侧建设冷热电三联供、热泵、工业余热余压利用等综合能源利用基础设施，推动分布式可再生能源与天然气分布式能源协同发展，提高分布式可再生能源综合利用水平。促进可再生能源与化石能源协同生产，推动对散烧煤等低效化石能源的清洁替代。建设可再生能源参与市场的计量、交易、结算等接入设施与支持系统。

《指导意见》提出要支持能源互联网的核心设备研发、支持信息物理系统关键技术研发、支持系统运营交易关键技术研发。根据相关文件，"智能电网技术与装备"专项将重点围绕大规模可再生能源并网消纳、大电网柔性互联、多元用户供需互动用电、多能源互补的分布式供能与微网、智能电网基础支撑技术 5 个创新链（技术方向）部署 23 个重点研究任务。专项实施周期为 5 年（2016—2020 年）。

第二篇

科技创新体系建设

第一章

科技创新体系介绍

→ **第一节 科技创新体系概述**

科技创新体系由以科学研究为先导的知识创新体系、以标准化为轴心的技术创新体系和以信息化为载体的现代科技引领的管理创新体系三大体系构成，知识社会新环境下三个体系相互渗透、互为支撑、互为动力，推动着科学研究、技术研发、管理与制度创新的新形态。

国家科技创新体系主要由创新主体、创新基础设施、创新资源、创新环境、外界互动等要素组成，《国家中长期科学和技术发展规划纲要（2006—2020年）》中指出：国家科技创新体系是以政府为主导、充分发挥市场配置资源的基础性作用、各类科技创新主体紧密联系和有效互动的社会系统，目前，我国基本形成了政府、企业、科研院所及高校、技术创新支撑服务体系四角相倚的创新体系，我国科技体制改革紧紧围绕促进科技与经济结合，以加强科技创新、促进科技成果转化和产业化为目标，以调整结构、转换机制为重点，取得了重要突破和实质性进展。

企业科技创新体系是国家科技创新体系的核心，企业科技创新体系建设直接关系到国家创新体系建设的进度和质量，作为促进企业技术创新的有机体，建立有效的企业技术创新体系是提高企业创新能力的保证。

（1）企业科技创新体系作为企业科技创新相关活动的整合体，必须具有系统性的特征。

企业科技创新体系是由组织系统、规则系统、资源配置系统与决策系统之间相互作用共同构成的有机整体，其中每一要素的性质或行为都将影响到整体的性质和行为，牵一发而动全身，系统的每一要素都起作用，如果系统的某一要素有缺陷，失去了与其他要素恰当地相互作用的能力，不能完成它特定的功能，就会影响整个系统。这就启示我们在进行科技创新体系建设时，不能仅仅注重某项要素的建设，而忽略其他要素，仅仅变革一个要素有时会产生始料不及的后果，要把各要素建设看作是一个整体而等同对待，共同发展。

（2）企业科技创新体系具有开放性特征。

按照创新体系研究的对象不同，可以分为宏观层面上的国家科技创新体系、中观层面上的区域科技创新体系和微观层面的企业科技创新体系，其中，企业科技创新体系是国家科技创新体系这一大系统的子系统，在国家科技创新体系占有核心地位。

企业科技创新体系是国家创新体系的重要组成部分，与国家创新体系其他要素有着密切的联系，是一个开放性系统。微观层面的各个企业的科技创新体系相互之间也进行着密切的联系与影响，相互之间进行着资源的交换与共享，进行着科技创新的广泛合作。

（3）企业科技创新体系还具有动态调整的特性，随着外部环境的变化，趋向动态平衡。

自组织理论揭示出，开放的系统不断与外界环境进行充分的物质、能量和信息的交换，获得了足够的负熵，使系统向远离平衡的非平衡态发展，然后通过系统之间各要素的相互作用，促使系统向熵减方向即有序方向演化，从而形成新的有序结构。企业科技创新体系就是这样一种开放系统，不断地与外界进行着物质、能量和信息的交换，从中获取资金、人才、信息等负熵流，从平衡状态到非平衡状态再到新的平衡状态，不断进行着动态的调整。

➡ 第二节　电力建设企业科技创新体系的构建

电力工业是我国技术创新能力积累时间最长、技术创新制度建设和基础设施最为完善、总体技术创新能力最强的行业之一，在国家创新体系建设中发挥着举足轻重的作用。电力建设企业承担着发电、输电、配电工程的设计和施工，多年来，电力建设企业从肩负的责任和使命出发，坚持依靠技术创新支撑和引领业务发展，大力实施技术创新体系建设工程，取得了一系列如高参数大容量火电机组工程、特高压输变电工程、大型水利水电工程、三代核电工程建设等丰硕的技术创新成果，建成了三峡水电站、海阳核电站、八交十直特高压工程、莱芜二次再热火电工程等一系列举世瞩目的电力工程，并积累了宝贵的经验。认真归纳总结现有的成功做法和经验，对进一步加强电力工程技术创新体系建设，推进国家创新驱动发展战略的实施具有重要的参考意义。

依据对典型电力建设企业的实地调研和案例分析情况，电力建设企业科技创新体系建设的成功做法可概括为以下五方面内容。

（1）坚持以科技创新为引领的创新驱动发展战略，建立健全战略决策和规划体系。

一是坚持科技创新作为驱动公司发展的第一动力。按照国家"自主创新、重点跨越、支撑发展、引领未来"的科技工作方针和"创新驱动发展"战略，结合公司实际，以提升自主创新能力和发展驱动力为核心，制定公司创新驱动发展战略、目标任务、战略重点，编制五年科技发展规划和三年滚动规划，确定年度计划，制定有序接替的科研计划体系。二是设立科技决策规划与管理体系。设立由主要领导作为主任委员、各子分公司（或施工处）负责人参加的科学技术委员会，负责公司重大科技创新战略问题决策。同时，为了落实公司科技战略规划、规范科技管理工作，大型电力建设集团公司层面大都设立了行使科技管理职能的相关部门，负责公司科技项目管理、科技规划计划、研发平台建设、科技成果管理、考核监督指导下属单位科技管理工作，以及对外科技交流等；在子分公司层面，根据具体情况设立对口部门或配备专职科技管理人员，负责组织科技规划和项目建议计划编制，组织科技项目实施和新技术推广应用。三是组建辅助科技决策的专家咨询团队。部分电力建设企业设立了专门的专家委员会，由内外部专家组成专家团队，对重大事项开展调查研究，提出咨询意见和建议。

（2）以企业技术中心为核心，建立多层次、多专业协作的科研组织体系。

一是成立企业技术中心。技术中心的使命是为企业发展提供技术储备，寻找新的经济增长点，从企业发展的长远利益出发，应把技术中心建设作为提高企业国内外市场竞争能力、增强企业发展后劲的重要手段。企业技术中心不是单纯的技术组织，其职能也不仅仅是从事研究开发，而应定位在企业技术创新体系的核心和支撑企业长期健康发展的战略制高点上，形成面向市场、充分调动内部资源、广泛利用外部资源的开放式运行机制，并形成合理的决策程序、立项程序和管理程序，其具体职能有：①新产品、新工艺、新装备、新材料的研究开发职能；②企业技术创新战略和技术发展战略的决策咨询职能；③企业技术创新体系建设职能；④进行对外合作交流职能；⑤企业技术创新人才的培训职能；⑥技术服务与技术孵化和辐射职能。有些电力工程央企成立了职责范围更广的中央研究院，不仅承担总部直属科研院所的职责，还负责公司技术战略分析、科技管理等方面工作。二是成立专业研发中心或下属企业研发机构。电力建设企业在子分公司或专业公司设立的研发机构主要负责特色技术的研发、新技术应用与推广、生产技术支持，解决生产活动中出现的技术难题。中国电建集团建立的"一个整体、两个层次"的技术创新组织体系具有典型代表性。

（3）提高研发投入强度，建立研发平台支撑体系。

一是建立稳定增长的研发投入机制。通过绩效考核、激励政策、专项资金及多种措施，保持研发投入的逐年稳定增长。建立计划、财务、预算、科技、审计等部门的会商和协调制度，加强对科技投入的统筹管理，完善科技经费监督管理和绩效评估体系，提高经费使用效率。二是搭建专业化研发平台。结合科研需求，建立公司实验室、试验基地、工程研究中心等。

（4）加强产学研合作，建立高效的协同创新体系。

一是联合开展科技项目研发。电力建设企业从发展需要和科技资源情况出发，以科技项目为载体，与国内外高等院校、科研院所、高科技企业开展合作研究。二是共建研发平台。为提高加强企业科技研发水平、吸引和利用外部科研资源、提升公司科研能力，一些电力建设企业选择与国内外高校、科研院所、企业建立联合研发平台，包括联合研发中心、联合实验室，长期从事涉及行业关键共性技术研发，并形成优势互补、分工明确、风险共担的长效合作机制。三是开展产业链协同创新。以火电、水电、新能源发电、输变电等产业发展需要和公司业务需求为基础，与产业链上下游高校、科研院所、设计院、装备厂家签订战略合作协议，形成产业技术创新联盟，围绕产业技术创新的关键问题，开展技术合作，突破产业发展的核心技术，形成产业技术标准，实行知识产权共享，实施技术转移，加速科技成果转化，促进人员交流合作。

（5）建立考核激励机制，完善科技创新考核体系。

一是加强对企业领导班子的科技创新业绩考核。将研发投入、科技研发、成果转化等列入对企业领导班子的业绩考核。二是开展科技创新评价工作。制定科技创新考核评价办法，建立科技创新评价指标体系（如科研成果产出、专利情况、科技成果转化等），对下属单位及研究机构的技术创新工作进行月度、季度评价和全面系统的年度评价，并与单位绩效挂钩。

第三节　企业科技创新体系建设的主要任务和方式

（1）紧密围绕国家政策导向和市场需要，是企业技术创新体系建设的关键。

电力建设企业技术创新体系建设必须与国家战略和市场发展需求相吻合，服务和服从于国家战略需要。企业只有站在国家与民族发展的高度，紧密围绕国家发展需要，坚持把创新驱动发展作为公司发展的驱动力量，才能拥有更加宽广的视野，掌握更全面的信息，形成更正确的判断，制定出更合理的科技创新战略与计划，凝聚更多的创新力量与资源，取得更大的创新价值，建成更适合自身发展的技术创新体系。中国电建、中国能建等一批电力建设央企正是靠着围绕国家重大需求，紧密结合企业发展需要，不断提升完善主营业务领域核心技术，才逐渐建立完善起公司的科技创新体系。

（2）坚持战略目标导向，主营业务驱动，强化顶层设计，保障资金和人才投入，是企业科技创新体系建设的核心。

科技创新是一项战略投资行为，企业应从自身使命出发，坚持主营业务驱动，结合公司内外部发展环境和资源条件，研究制定公司科技发展规划，打通技术创新链条，从公司战略层面规划、设计、建设适合自身发展的技术创新体系。企业科技创新体系建设是一项复杂系统工程，需要长期持续的资源保障，企业领导班子应始终高度重视公司科技创新体系建设，做好资金、人才和制度保障，增强技术储备，不断培养创新文化氛围，确保技术创新体系建设的顺利开展。从企业多年技术创新实践上看，领导重视、组织高效、持续投入，并拥有世界水平的领军人物和高素质的科研骨干队伍，是建立和完善企业技术创新体系的根本保障。

（3）依托重大工程项目，采取研发设计制造生产一体化运作模式，是提升企业科技创新体系建设水平的有力抓手。

长期以来，科研生产"两张皮"、产学研结合不紧一直是制约企业科技创新体系运行效率的老大难问题。近年来，企业通过牵头组织国家重大工程项目，在攻克技术瓶颈、解决技术难题的过程中采取了协同创新、集成创新的管理模式，打通创新链条，整合利用内外部创新资源，不仅突破了关键核心技术，有效解决了科研生产脱节、科技成果转化慢的问题，还加强了企业在创新中的主导作用，提升了自主创新能力。目前，重大工程项目已经成为大型电力建设企业技术创新的重要载体。与此同时，一些企业还参照重大工程项目的组织方式对公司科研项目的组织方式进行了创新。采用基础研究—技术开发—推广应用一体化的重大科技专项模式，打破部门行政壁垒，实现创新链与价值链的有机结合，加快了科研成果的转化；同时还建立了技术成果的内部市场机制，实现科研成果的利益共享、风险共担，调动科研人员转化科技成果的积极性，降低了技术风险，有效提升了央企技术创新体系的运行效率和建设水平。

（4）立足于全面提升自主创新能力，大力开展原始创新，深化引进消化吸收再创新，积极推动集成创新，是完善企业科技创新体系的重要途径。

实践表明，坚持在引进消化吸收的基础上，依靠自身能力大力组织开展原始创新，加强集成创新，不断增强自主创新能力，走自主发展的道路，是企业技术创新体系建设的价值和意义所在。尤其是在经济日益国际化、国际竞争日趋激烈、我国技术发展已经开始从跟踪模仿向赶超引领阶段转变的背景下，依靠先进国家转移产业技术的"雁形模式"和传统的技术引进方法已经鲜有成效，一些跨国公司不愿意转让先进技术，也没有我们希望转让的技术。因此，企业在科技创新体系建设过程中，必须正确处理好原始创新与集成创新、引进消化吸收再创新的关系，突出"以我为主"的引进消化吸收再创新，集成利用各种创新要素，增强自主开发能力，突破关键核心技术，掌握一批杀手铜，努力占领未来科技发展制高点。

第二章

科技创新发展战略和规划

→ **第一节 战略规划概述**

战略规划是指对重大的、全局性的、基本的、未来的目标、方针、任务的谋划。战略事关政党、国家、社会组织、集团的重大问题，属于大政方针的制定。它所规划的范围涉及大方向、总目标及其主要步骤、重大措施等方面，这就要求在战略规划的制定中必须注意：①要用总揽全局的战略眼光，全面把握事物发展的大方向、总目标。立足全局，着眼未来，从宏观上考虑问题。②规划长远目标与确定近期任务紧密结合。③增强战略规划的预见性。

企业战略规划是指依据企业外部环境和自身条件的状况及其变化来制定和实施战略，并根据对实施过程与结果的评价和反馈来调整，制定新战略的过程。可以由企业自主完成；必要时邀请专业管理咨询公司操盘完成。一个完整的战略规划必须是可执行的，它包括两项基本内容：企业发展方向和企业资源配置策略。随时竞争环境的快速演变，企业战略规划从曾经的五年规划、十年规划，逐渐演变成需要企业高层拥有的一种常态意识，需要随着新技术的进步、新模式的发展随机而动的对企业战略进行调整。

在企业发展战略的制订和实施过程中，不管是战略防御还是战略进攻，其中都会存在重中之重，这是任何事物的必然规律。抓住了事物的主要矛盾，就抓住了问题的实质，会使问题的解决事半功倍，许多问题迎刃而解。企业发展战略的重点，是企业的竞争能力。企业的竞争能力基于对企业内部要素的客观分析和评价，它取决于行业结构和企业相对的市场地位。企业核心竞争力，才是企业发展战略的实质核心。

一个企业要获得持久的竞争优势，也就必须有清晰的战略。从竞争角度看，战略对于企业有以下重要意义：

（1）由于企业确定了未来一定时期内的战略目标，可以使企业的各级人员都能够知晓企业的共同目标，进而可以增强企业的凝聚力和向心力。

（2）由于企业明确了未来各个阶段的工作重点和资源需求，从而使组织结构设计和资源整合更具有目的性和原则性，进而可以保持组织机构与战略的匹配性，可以更好地优化资源，有利于实现资源价值最大化。

（3）由于企业明确了未来一定时期内各区域、各业务单元的职能战略，从而使各职能部门、各项目组织都能够清楚地了解自己该做什么，进而可以激励他们积极主动地完成目标。

（4）由于企业明确了企业的利益相关者、竞争者和自身的优势、劣势、机会、威胁，从而使企业可以从容地应对机遇的诱惑和市场变化，有利于企业改进决策方法，提高风险控制能力和市场应变能力，进而有利于提升企业的持久竞争力。

企业战略规划应具有可操作性。执行标准和控制方法是否已经具备，是不是符合企业目标的要求；战略计划与现行员工的态度、兴趣与观念能和谐共存吗，因为实施必然导致一定程度的变革，那么这些变革所达到的目标和企业文化是否能和谐共存。

➡ 第二节 企业创新驱动发展战略的组成部分

党的十八大以来，党中央、国务院把科技创新摆在国家发展全局的核心位置，围绕实施创新驱动发展战略做出了一系列重大决策部署。党的十九大进一步提出创新是引领发展的第一动力，创新驱动发展成为全社会的广泛共识和共同行动。企业应认真学习《国家创新驱动发展战略纲要》精神，贯彻落实地方政府或上级主管单位下发的创新驱动发展战略，制定公司创新驱动发展战略。

企业科技创新发展战略应该包含战略背景、总体思路、总体目标和阶段目标、战略部署、重点任务、实施路径和保障措施七个部分，其中：

（1）战略背景部分：应包含国家和上级单位创新驱动发展战略要求、电力工程行业发展形势、公司科技创新开展需求和企业发展需求。

（2）总体思路部分：应包含指导思想和基本原则两部分，其中指导思想应以党和国家、地方政府和上级单位等战略方针为指引，密切结合市场需求和企业发展需求，基本原则应紧密围绕上级单位和企业发展战略。

（3）总体目标和阶段目标部分：总体目标应概述企业科技创新主要目标，阶段目标应按照基础奠定期、攻坚期、提升期三个阶段分述其目标。

（4）战略部署部分：应按照总体目标和阶段目标，结合企业情况制定相应的战略部署。

（5）重点任务部分：紧扣公司业务范围，逐条制定相应的重点任务。

（6）实施路径部分：从政策引领、创新机制、创新体系、平台建设、群众创新等方面分别描述实施路径。

（7）保障措施部分：从组织领导、资源保障、过程监督、保障机制等方面描述保障措施。

➡ 第三节 企业科技发展规划的组成

企业科技发展规划应包含中长期科技发展规划、五年发展规划和三年滚动规划。企业应该紧紧围绕服务国家能源电力基础设施建设和地方经济发展的主线，深刻理解和把握国家创新驱动发展战略、一带一路倡议等国家和地方发展战略和科技发展规划，努力学习和掌握行业发展方向和关键核心技术，深入对接上级单位和本企业发展战略，坚持全面谋划与突出重点相结合，长期目标与近期任务相结合，战略统领性与可操作性相结合，超前策划、精准定位企业业务拓展和市场需求技术目标与方向，从传统业务技术创新能力提升、战略性新兴业务技术突破两个维度，制定符合公司情况的科技发展规划。

➡ 第四节　企业科技发展规划编制的主要任务

科技发展规划的编制应包含科技发展情况回顾和总结、行业科技发展趋势分析、科技发展现状和问题分析、科技发展规划、重点和主要任务、保障措施六个部分组成。

（1）企业科技发展情况回顾和总结方面：应包含企业基本情况和科技创新情况，并就研发平台建设、资质能力认定、科技成果产出、重大技术攻关、知识产权保护、信息化工程建设方面进行回顾和总结。

（2）行业科技发展趋势分析方面：应包含企业所在行业的科技发展情况及未来发展趋势、公司主要业务领域技术水平等方面。

（3）科技发展现状和问题分析方面：应包含企业科技发展现状与面临的形势、存在的问题等。

（4）科技发展规划方面：应包含指导思想、基本原则、科技创新重点任务、主要目标和指标等。

（5）科技发展重点及主要任务方面：应包含企业发展重点领域及其优先主题、重大技术攻关项目、科技成果推广和应用等。

（6）保障措施方面：应包含组织措施、管理措施、资源保障措施、监督检查措施、人才保障措施等。

第三章

科 技 创 新 组 织 机 构

➡ **第一节　科技创新管理组织机构设置原则**

企业开展科技创新管理工作，建立分明的内部管理组织机构层次体系具有重要作用，在管理工作中进行高效的分工协作，在职务范围、责任、权利等方面更加明确。作为企业来讲，应该建立层次分明的科技创新管理内部日常管理机构，一般组成是由领导机构和工作机构组成。

➡ **第二节　科技创新管理领导机构建设**

电力建设企业应该以贯彻落实党中央、国务院及上级单位关于企业科技创新工作的要求，深入实施创新驱动发展战略，进一步强化企业科技创新工作的组织领导，成立科技创新工作领导小组（或技术中心委员会），领导小组的组长应由企业主要负责人担任，副组长应由企业分管科技创新的副职担任，成员应包含企业的总工程师、分管科技创新的副总工程师等高管，以及各相关部室和下属单位主要负责人。

科技创新领导小组的主要职责应该包含以下内容：

（1）统筹指导公司科技创新工作，加大相关职能部门协同力度，推动公司科技创新工作与国家、区域重大发展战略的协同，促进公司与其他企业和创新主体的协同创新。

（2）负责科技创新发展战略规划实施方案、关键核心技术攻关任务实施方案、重点研发平台建设方案和创新团队培养方案的审批。

（3）负责科技创新激励政策和创新导向考核制度的审议，负责科技创新专项资金和相关资源投入计划的审议，为科技创新工作提供制度支持和资源保障。

（4）如企业有创新型企业申报要求，领导小组还需负责创新型企业申报工作的组织与协调，负责试点工作调整方案的审批，负责试点工作年度计划、部门分工、相关材料和经费的审定。

企业应设置科学技术委员会，委员会主任应由企业总工程师担任，副主任由分管科技的副总工程师担任，委员由公司各专业技术专家组成。科学技术委员会主要职责应该包括：

（1）在公司领导小组的领导下，结合企业的需求，对公司科技工作提出建议。

（2）开展公司科技发展规划、技术经济政策、规章制度、技术标准和重大科研项目可行性的研究、咨询、指导、评审工作。

（3）配合并参加公司科技项目的评价、验收、鉴定及科技奖励工作；指导企业的技术标准化、重点科技成果和专有技术的推广与交流工作。

（4）发挥委员会的桥梁作用，传递公司和行业的相关信息，向有关部门反映企业的合理意见和建议。

（5）组织会员单位开展先进的科技管理理念、先进技术、方法和经验的研讨、学习、推广与交流活动。

（6）完成公司领导小组安排的其他工作。

企业科技创新组织机构应设置运行机构，负责具体落实领导机构安排。运行机构应设在企业科技主管部门，或成立科技创新工作专项机构。具体职责包括：

（1）综合管理方面。负责编制企业科技发展规划和知识产权规划，并组织实施；组织制定企业科技管理制度和管理办法，并监督执行；负责拟定和落实企业年度科技工作计划；组织召开科技工作会议；牵头组织开展科技创新知识培训；负责企业科技创新考核与评价，组织申报科技成果奖励；负责与上级单位和政府科技主管部门、外部协（学）会的专项对接；参与企业科学技术委员的组建策划，提出外部科技专家聘用建议，组织内外部专家开展科技工作；协助人力资源部门开展科技人才队伍建设，对外推荐和申报科技专家；牵头开展"产学研用"科技合作与交流；配合相关资质复审工作。

（2）科研管理方面。负责企业研发平台的申报、运行、资质维护和升级管理；组织开展企业内外部科技项目立项；负责科技项目的实施调度和结项验收管理；指导专业研发中心进行科研成果的提炼和总结；组织科技研发关键技术成果的鉴定和评价；指导专业研发中心进行研发费用预算指标的分解；负责外部科研补助资金的申报、获取和使用管理。

（3）成果管理方面。负责科技成果的申报策划，拟定申报工作计划并组织实施；负责组织科技查新；负责科技成果鉴定和评价外部关系的协调；负责科技统计和考核数据的编制和上报；负责外部科技成果奖励的申报和领用管理；负责科技成果的转让、转化和推广应用管理。

（4）知识产权（专利）管理方面。负责企业专利群建设的策划和组织实施；负责指导专利技术的提炼和总结；负责专利申报和有效性维护管理；负责组织申报政府专利奖、专利政策补助，跟踪落实到位情况；负责知识产权办公室相关工作，协助体系管理办公室完成知识产权管理体系监督审核、再认证审核工作；负责企业对外合同中知识产权权属划分相关内容的审查。

（5）高新技术企业运行管理方面。负责高新技术企业规范运行的组织管理；负责制定高企规范运行管理制度和管理办法，并监督执行；负责企业科研投入和高新技术服务收入年度预算的编制和分解；负责研发费用和高新技术服务收入归集符合性的审核；协助财务资金部进行研发费用加计扣除和高新技术企业税收减免申报资料准备。

（6）科技信息化管理方面。负责科技政策和信息的收集、分析和解读，为企业决策和管理提供支持；负责拟定企业科技管理信息化建设方案并组织实施；负责一体化管控平台中科技管理模块总体功能设计及相应业务需求的提出；负责一体化管控平台中科技管理模块的应用和维护管理。

第四章

科 技 创 新 制 度

党的十八大以来，国家大力实施创新驱动发展战略，把科技创新作为社会生产力和综合国力的战略支撑，并摆在国家发展全局的核心位置。建设科技强国和创新型国家离不开科技研发的突飞猛进，而科技创新也需制度创新的保驾护航。尤其是对于科技创新事业跃升、科技创新体系建设及科技创新驱动发展处于关键期的我国而言，要实现创新驱动发展战略、构建创新型国家，就要转变思维观念、解放思想，破除一切制约科技创新的制度藩篱，为大众创业、万众创新营造氛围。以科技创新引领制度变革，以制度变革助推科技创新，让科技与制度在创新中相得益彰。

我国法律制度为科技创新发展夯实了制度规范基础，如在我国现行法律体系中有科技进步法、专利法、商标法等法律规范，这些都为鼓励企业科技创新提供了法律保障；科技进步法、科技普及法、促进科技成果转让法、技术合同法等法律规范架构了科技成果管理制度，鼓励科研创新与成果转化，以设定国家科学技术奖、全国科技工作者日等激发科研人员的工作热情等。

→ 第一节　科技创新制度的建设要求

一、企业科技创新管理制度存在普遍问题

近年来，很多大中型企业在科技创新方面得到了长足发展和显著进步，科技创新管理体系也不断完善，科技创新管理组织机构不断改革，科技投入逐年增加，科技成果及其应用的规模和质量不断提升，但通过对部分企业科技创新管理工作的全面梳理和调查，不难发现面对国内外科技发展的趋势与企业的总体发展目标的影响，发现很多企业在科技创新管理工作方面仍然存在不同的缺陷和问题。

（1）科技创新目标管理。科技创新管理工作目标定位不够精准，科技创新活动前沿性和行业实用性欠缺，科技工作中的战略规划和运行调度能力不足，科技资源较为分散，缺乏有效的技术信息收集分析，导致科技创新管理工作的整体效益不高。

（2）工作组织架构方面。科技创新管理工作组织架构不够全面，各部门、各科室的职能不够明确，而且不能很好地加以串联，难以发挥其规模效应，对外科技创新平台的建设难以发挥其作用。

（3）工作运行模式和保障。科技创新管理工作运行模式不够先进，知识产权保护意识不强，信息化系统建设仍需加强。科技创新管理工作保障体系不够全面，科技人员和

专门人才队伍不足，科技经费不够多元化，政府下达的科技支撑计划、产业计划以及产学研合作项目参与度不够。

二、 企业科技创新制度的建设要求

企业的内部管理制度是社会发展到一定阶段程度之后的产物，也是现代企业管理工作中的一种手段，制度管理能够保证企业各项工作的正常开展。企业发展到一定阶段以后，要结合企业发展资源，做到充分发挥制度控制的作用，就要不断对内部管理制度进行创新，不断完善和规范内部管理制度，使制度能够符合企业发展的要求。近年来，我国科技创新正在经历由量的增长向质的提升的跃升期，企业作为国家科技创新的主要力量，如何通过有效的组织机构将科技创新管理工作串联成科技创新管理体系，发挥规模效应，促进企业发展战略目标的实现和自主创新能力的提升，成为摆在众多企业面前的一道必须解决的难题。企业在以下方面应逐步完善科技创新制度建设。

1. 建立完善和有效的规划管理制度

"抓规划"就是要对看准方向的大事，前瞻布局，选准突破路径，用完整的形式和表达方式把战略意图和目标描画出来，在资源配置和体制机制上进行设计来保障战略目标的实现。结合企业实际，企业应以提升自主创新能力和产业发展驱动力为核心，制定企业科技发展战略、目标任务、战略重点，确定年度计划，制定有序接替的科研计划体系。设立科技决策规划与管理体系。设立由主要领导牵头、各业务部门参加的科学技术委员会，负责企业重大技术创新战略问题决策。

2. 建立平台管理和标准管理制度

企业为改善科研硬件条件，投入资金更新实验设备和装置，建立完善的重点实验室、试验基地、国家重点实验室、研究中心等管理制度；加强对企业技术标准的统一集中管控，形成技术标准体系，在企业总部层面建立负责技术标准战略规划、技术标准管理的相关机构；制定标准管理办法和流程，规范企业技术标准管理工作。

3. 建立有效的协同创新制度

创新是一个由技术知识产生，发展，到不断转移进化，最终借助不同生产要素组合实现商业价值的复杂过程．从本质上说，创新是不同要素或资源所有者之间的融合。因此，高效的创新建立在不同主体协同之上，高效的创新系统是一个协同系统。企业科技创新发展到一定阶段以后，要从自身需要和科技创新资源情况出发，不断完善协同创新管理制度体系，走产学研合作道路，以市场为导向，以技术创新为重点，紧密依靠项目作为载体，逐步实现与研究所、大学等科研单位的有效结合，实现资源的多方共享，大大提高科技创新和成果的转化能力。通过产学研项目合作，加强与国内外优秀大学、科研机构、外部企业合作研究，形成产业技术创新协同体系，围绕产业技术创新的关键问题，突破产业发展的核心技术，形成产业技术标准，实行知识产权共享，实施技术转移，加速科技成果转化，促进人员交流合作。

4. 建立完善技术创新考核管理制度

建立企业管理层技术创新业绩考核制度。将自主创新成果、产品推广应用等列入对企业管理层的业绩考核。建立企业技术创新评价工作制度，建立技术创新评价指标体系

（如科研成果产出、专利情况、科技成果转化等），对下属单位及研究机构的技术创新工作进行全面系统的年度评价，并与单位绩效挂钩，或者针对下属机构的技术创新能力进行评价。建立科研人员绩效考核制度。采用个人岗位目标责任制，对科技创新项目团队和成员设置不同的绩效考核目标。

5. 建立完善的科技项目研发管理制度

当前，科技创新对社会的发展产生着深远的影响。科研项目研发管理是科技创新发展中的重要组成部分，随着国家对科技投入比例的加大，科研项目在推动科技发展和社会进步方面的作用日益突出。对科研项目实施科学有效管理，是市场经济发展的要求，也是科研事业健康发展的保障。企业作为科技创新各方主体中重要的组成，应建立完善的科研项目管理制度。完善科研项目的管理制度体系包括立项管理制度、评审管理制度、监理制度等，明确各管理主体的权责及管理程序是确保科研项目按计划实施及科研事业健康发展的制度保障。

6. 建立完善的科技成果转化制度与流程

企业为促进科技成果转化，制定了科技成果转化办法和相关制度，规范科技成果转化职责、流程及绩效，规定成果转化的条件、机制、指标、程序。

7. 知识产权管理制度

随着知识经济时代的到来和市场经济的迅速发展，知识产权将愈来愈上升为企业最强大的财富源泉，建立知识产权管理和保护制度，制定知识产权培育和经营战略，将成为企业创造竞争优势，占领国内外市场的最有力手段。完善企业知识产权管理制度，必须对企业知识产权进行全面清查核实，根据知识产权的性质分类建立相应管理制度，例如：专利申请保护制度、商标权管理制度、软件著作权管理等。

8. 科技创新信息化建设要求

信息化是充分利用信息技术，开发利用信息资源，促进信息交流和知识共享，提高经济增长质量，推动经济社会发展转型。20 世纪 90 年代以来，信息技术不断创新，信息产业持续发展，信息网络广泛普及，信息化成为全球经济社会发展的显著特征。当前，信息化技术已经广泛应用和高度渗透，通过分析研究发现，信息化对科技创新效率产生了显著影响，已成为推动科技创新活动发展的新动力源泉，随着信息化水平的提高，如何更好利用信息化手段进一步提高技术创新能力，有效实现信息化与技术创新的深度融合，成为当前企业信息化建设过程中的一个重要环节。

9. 高新技术企业制度建设要求

当前，我国高新技术企业正在以较快的趋势发展，其规模和数量已赶超世界发达国家，在现代市场结构中所占比重也显著提升。同时，作为建设创新型国家的关键环节，高新技术企业以高技术产业为生产力可以有效增强企业的核心竞争力。高新技术企业作为高技术产业的重要载体，其规范运行的管理水平直接影响到高新技术产业的发展，如何提高高新技术企业的规范管理水平，是高新技术企业面临的重要问题，高新技术企业应从组织管理、研发管理、财务商务管理等环节加强制度的建设工作。

→ 第二节 企业科技创新管理制度的组成及主要内容

随着我国电力事业的快速发展，电力建设企业的经济增长陷入了停滞增长的阶段，在现阶段的发展过程中，电力建设企业在自身管理体制方面还存在着较大的问题，严重限制了电力建设企业向前发展的动力与活力。所以在社会经济快速发展的新形势下，电力建设企业要想增强自身的能力，就需要加强自身管理，转变自身科技管理方式，改变思路，以技术手段为发展导向，全方面地增强自身的科技创新管理水平，增强自身的核心竞争力，以新技术新思想为指导，加强企业的人员与设备的优化管理，提高自身的科技管理水平，增强企业向前发展的动力。

建立完善的科技创新管理制度是电力建设企业科技管理活动的行动指南，是实现整个科技管理科学化、程序化和规范化的基础。没有健全的制度，科技管理活动就无章可依。电力建设企业需要根据科技管理内容和自身实际，建立健全相关制度。电力建设企业中的有关制度详见表 2-4-1。

表 2-4-1　　　　　　　　　电力建设企业中的有关制度

序号	制度名称	管理内容简述	备注
1	科研项目管理	包括科研项目的预研、申报、评审、立项、组织实施、检查验收等	
2	科研过程管理	整个研究开发过程进行管理和服务，并协调解决研究开发过程中的问题	
3	科技人才管理	包括科技人才的遴选、培养、使用、考核、奖励、合理流动等	
4	科技资金使用管理	包括科研资金的筹集、分配、使用、监督等，旨在增加资金总量并提高使用效率	
5	科技信息管理	建立合理的科技管理信息指标体系，通过定性与定量相结合，分析企业发展中科技管理与经营生产的关系，合理评价技术创新和知识创造者的价值	
6	科技成果管理	包括科技成果鉴定、评价、登记、奖励、推广，专利申请、论文发表等	
7	知识产权管理	包括对企业专利管理、商标管理、商业秘密管理、知识产权档案管理、知识产权发展和运用战略、知识产权纠纷防御和救济策略、其他知识产权管理等有关制度内容	
8	产学研合作管理	包括产学研合作的组织管理、合同管理、联合研发管理、资金管理、知识产权权属管理等有关制度内容	

第五章

科技创新人才队伍建设

习近平总书记强调，我国要建设世界科技强国，关键是要建设一支规模宏大、结构合理、素质优良的创新人才队伍。一切科技创新活动都是人做出来的。

人才是科技发展的根本，是科技创新的关键。科技创新是实施创新驱动发展战略的核心，科技创新能力主要取决于人才。因此，科技创新人才无疑是科技创新中不可或缺的要素，是科技创新活力之源。要坚持立足创新实践中发展、识别、培养、凝聚人才，促进各类人才特别是青年人才脱颖而出，要动员一切可以动员的力量，积极拓展科技创新人才的培养和引进，造就培育一大批能够把握世界科技大势、研判科技发展方向的战略科技人才。

→ 第一节　科技创新人才概述

科技创新人才是知识型人才，是具有自我驱动能力与独创性的个体。一般说来，科技创新人才是指具有一定的专业知识或专门技能，从事创造性科学技术活动，并对科学技术事业及经济社会发展做出贡献的劳动者。主要包括从事科学研究、工程设计与技术开发、科学技术服务、科学技术管理、科学技术普及等工作的科技活动人员。科技创新人才是国家和企业人才资源的重要组成部分，是科技创新的关键因素，是推动国家经济社会发展的重要力量。

科技创新人才表现出如下特点：较强的好奇心和求知欲望；很强的自我学习与探索的能力；在某一领域或某一方面拥有广博而扎实的知识，有较高的专业水平；具有良好的道德修养，能够与他人合作或共处；有健康的体魄和良好的心理素质，能承担艰苦的工作。需要具备人格、智能和身心三方面基本要素。诸如：基础理论扎实、科学知识丰富、治学方法严谨，勇于探索未知领域，同时，具有为真理献身的精神和良好的科学道德。

→ 第二节　科技创新人才队伍建设的要求

随着企业的不断发展壮大，特别是在企业转型发展，创新型人才显得尤为匮乏。如何加强科技创新人才队伍建设，主要应从创新机制、转变观念、引进培养、激励机制、创造优良环境等方面着手，为创新型人才脱颖而出搭建平台。

1. 健全科技创新人才培养及选拔机制

企业应该根据企业的实际需要和人才发展特征，建立科技创新人才内部的流动培养机制，既能拓宽人才的眼界和知识面，又利于企业发现和选拔人才；建立和完善再教育机制。电力建设企业应从利用已有的资源，积极开展相关教育活动，提高人员的整体素质。

2. 转变观念，建设引领产业发展的创新型人才

在新形势下推进创新型人才队伍建设，需转变理念，又需创新体制，只有把观念转变与制度结合起来，才能开创生气勃勃的新局面。重视创新型人才的引领作用，以创新型人才带动关键优势产业，以人才的集聚与培养引领战略性产业的发展；重视企业创新人才的开发培养；建立公正、透明的人才选用制度，特别是要建立让人才脱颖而出的选人、用人机制，破除人才选拔培养过程中的制度性障碍。

3. 建立与完善人才使用机制

企业应制定有效的岗位制度，或者以项目为载体等多种方式，吸引、使用企业外部人才为企业服务，企业按约定或以协议给予特聘人员相应的工作报酬。企业要重视培养一支专心致志干实业、具有创新精神的技术骨干队伍，对在企业技术创新工作中做出突出贡献的科技人员除正常工资外还应给予一定的物质和精神奖励。

4. 改革企业内部激励制度

建立适合本企业重业绩、重技术、重贡献的分配激励机制。鼓励企业职工和其他社会自然人以技术发明、专利技术入股企业并参与分配。对有贡献的科技骨干人员和实施成果转化的主要技术人员可按新增利润的一定比例奖励股份。还可对科技骨干实行股份期权等激励办法，逐步形成以按劳分配与按生产要素分配相结合的新的企业分配体系。

5. 完善考核评价体系

公正合理的评价机制，是激发人才积极性和创造性的重要手段。电力建设企业要克服学历、职称及资历等作为人才评价标准的倾向，建立健全以品德、知识和能力等要素为评价基础，以公正绩效为重要指标的评价机制，针对不同类型的人才，使用分类分层的考核评价标准，并积极探索各具特色的评价方式。

6. 加强培训，促进企业科技创新人才队伍成长

建立企业技术创新人才基地，对企业技术创新带头人和技术骨干、青年科技人员、技术工人、经营管理人员等进行项目管理、专业知识和经营管理等方面的定期培训。建立学校、企业、个人多层次的人才培训体系。形成"终身学习"的企业文化氛围。

第三节　科技创新人才的相关政策

当今世界正处于大发展、大变革、大调整时期，新一轮科技革命正在孕育和兴起，世界主要国家纷纷加快科技创新的步伐，抢占新一轮经济和科技竞争的战略制高点。科技创新关键在人才，大力培养和吸引科技人才已成为世界各国赢得国际竞争优势的战略性选择。当前，我国已进入建设创新型国家和实现全面建设小康社会目标的关键时期，

优化产业结构布局，转变经济发展方式，建设社会主义和谐社会，必须不断提高我国科技创新能力，加快建设一支宏大的创新型科技人才队伍。

1. 国家有关的科技创新人才政策介绍

（1）国家高层次人才特殊支持计划。国家高层次人才特殊支持计划，简称"国家特支计划"，亦称国家"万人计划"，是面向国内高层次人才的支持计划。是指在自然科学、工程技术和哲学、社会科学等领域的杰出人才、领军人才和青年拔尖人才，给予特殊支持。

（2）国家创新人才推进计划。参见《创新人才推进计划实施方案》（国科发政〔2011〕538号）、《国家中长期人才发展规划纲要（2010—2020年）》。主要包括：设立科学家工作室；造就中青年科技创新领军人才；扶持科技创新创业人才。面向科技型企业，每年重点扶持1000名运用自主知识产权或核心技术创新创业的优秀创业人才；建设重点领域创新团队，依托国家重大科研项目、国家重点工程和重大建设项目，建设重点领域创新团队；建设创新人才培养示范基地，以高等学校、科研院所和科技园区为依托，建设创新人才培养示范基地。

（3）国家专业技术人才知识更新工程。参见《专业技术人才知识更新工程实施方案》（人社部发〔2011〕112号）、《国家中长期人才发展规划纲要（2010—2020年）》。围绕我国经济结构调整、高新技术产业发展和自主创新能力的提高，在装备制造、信息、生物技术、新材料、海洋、金融财会、生态环境保护、能源资源、防灾减灾、现代交通运输、农业科技、社会工作等12个重点领域，开展大规模的知识更新继续教育，培养高层次、急需紧缺和骨干专业技术人才；依托高等院校、科研院所、大型企业现有施教机构，建设一批国家级专业技术人员继续教育基地。

（4）企业技术人员政府特殊津贴。参见《中共中央、国务院关于继续实行政府特殊津贴制度的通知》（中发〔2011〕12号）。围绕专业技术人才和高技能人才，选拔享受国务院特殊津贴的人员。专业技术人才：在专业技术岗位上工作的在职人员，专业技术业绩、成果和贡献突出，并得到本地区、本系统同行专家的认可，一般应具有高级职称。高技能人才：长期工作在生产服务岗位第一线，技艺精湛，贡献突出，一般为高级技师（国家职业资格一级）或具有相应高级职业技能水平。

2. 省级政府有关的科技创新人才政策介绍

针对促进企业、科研院所、高等院校等单位发展，各省也制定了相关的人才政策，以山东省制定出台的相关人才政策为例，代表性相关政策介绍如下：

（1）泰山学者工程：山东省出台了《关于进一步完善提升泰山学者工程的意见》，主要支持高等学校、科研院所、医疗机构等引进培养从事基础研究、原始创新和共性技术研究的创新型科技人才，分为攀登计划、特聘专家计划、青年专家计划三个项目，实行动态管理，管理期均为5年。

（2）泰山产业领军人才工程：山东省出台了《关于实施泰山产业领军人才工程的意见》，主要面向各类企业、园区、基地等引进培养一批高层次产业人才，分为产业创新类（具体包括高效生态农业、传统产业、战略性新兴产业、现代服务业及社会民生产业

4 个项目）、科技创业类（具体包括海外留学回国创业人才、国内创业人才 2 个项目）和产业技能类三大类别 7 个项目，实行动态管理，管理期均为 4 年。

（3）智库高端人才：主要面向海内外引进从事公共政策研究和决策咨询的高层次人才，分为首席专家、岗位专家和一般专家，实行动态管理，管理期为 5 年。

（4）"齐鲁"系列人才工程：主要选拔优秀的基层一线实用人才，具体分为支持高技能人才的"齐鲁首席技师"、支持农村实用人才的"齐鲁乡村之星"、支持专业社会工作人才的"齐鲁和谐使者"、支持金融人才的"齐鲁金融之星"、支持基层医师的"齐鲁基层名医"、支持一线统计人员的"基层统计人才培育工程"等项目，均为 4 年管理期。

（5）企业家发展领航计划：加强青年企业家接力培养，整合领军企业、知名高等院校和创业成功人士资源，建立山东省企业家培育中心，每年选拔优秀青年企业家进入企业家培育中心培养锻炼。

（6）高技能人才素质提升计划：加快建设知识型、技能型、创新型劳动者大军，围绕新旧动能转换重点领域，每年选派优秀高技能人才赴制造业强国和"一带一路"沿线国家进行技能研修学习。

（7）齐鲁技能大师特色工作站（人才平台载体政策）：用好技能含量较高的行业、大中型企业和职业院校中工作的高技能人才，以及部分掌握传统技能、民间绝技和非物质文化遗产的技能大师资源，开展带徒传技、技能攻关、技艺传承、技能推广等各类活动。省级财政给予一定补助资金。

（8）山东省技师工作站（人才平台载体政策）：以高精机械加工、传统技艺传承和高新技术产业为重点，由具有绝招绝技的高技能人才和技能带头人依托大中型企业、行业（部门）、技工院校和高技能人才培训基地等载体建立。省级财政给予一定补助资金。

第六章

产 学 研 合 作

产学研合作是企业技术创新的主要途径之一，推进产学研合作，促进企业技术进步，是世界各国推动科技进步和经济发展的普遍经验。产学研合作是运用市场机制，推进企业与高校，科研院所在风险共担，互利互惠，优势互补，共同发展的机制下开展合作创新，促进科技与经济的结合，提高企业的科技创新能力和"学研"机构的研究开发能力及成果转化能力。

➡ 第一节 产学研合作概述

产学研合作是指企业、高等院校、科研院所利用各自的资本、人力和技术资源优势，通过不同形式的合作，实现创新资源的高效利用，从而获得经济效益和社会效益的活动。产学研合作中的"产"是指产业界及各类产业中依托技术创新的现代企业和现代企业家；"学"泛指学术界；"研"主要指以进行基础研究、应用研究和各类技术开发为中心的应用型科研院所以及高校中的科研机构。

在我国，"产学研合作"一般是指高校、科研机构与产业界的合作。其含义有广义和狭义之分。广义上的"产学研合作"是指教育与生产劳动有机结合以及科学研究在人才培养、科技开发和生产活动中的有机结合。狭义的产学研合作仅指高等学校、企业和科研院所三方本着优势互补、互惠互利、共同发展的原则所进行的合作与交流。

产学研合作是建立在供求需求上的合作关系。而这种合作关系是互利共赢的，相互之间的意义和作用主要体现以下几点：

（1）企业的研究开发，需要新的理论、原理和创意，需要新的技术成果。鉴于此，企业与高校进行广泛且深入地沟通与交流，可以了解到最近的科技信息、科研成果。

（2）在共同进行科研技术开发过程中，高校及科研院所了解企业的生产技术难题和技术需求，为高校提供下一步的科研方向，可最快速度的实现科研成果转化。

（3）在合作开发的过程中，实现了产学研联合，合作研究、合作设计、合作培养人才，互相兼职，优势互补，充分运用社会科技力量为企业的科研开发工作服务，为企业开展技术创新，提供科技创新动力及支撑。

（4）在产学研联合过程中，企业充分利用高等院校、科研院所具备丰富的科技情报、图书资料和先进的实验设施，以及大量的经过技术鉴定的科研成果；充分利用其高科技人才，把这些高科技人才吸引到企业中，与企业科研人员合作进行技术攻关、新产品开发，大大提高了企业的技术创新的能力。

（5）企业通过加强与高校、科研院所的交流与合作，按照"优势互补、互惠互利、共同发展"的原则，建立了长期稳定的合作关系，并不断提高合作的广度与深度，将高校的技术优势变为企业的市场优势，从而不断提高企业的创新能力，为企业带来良好的社会效益及经济效益。

第二节　产学研合作的发展历程

1. 第一阶段：产学研合作起步阶段（20世纪80—90年代初）

1985年，邓小平同志明确指出："我们要着力解决好经济与科技结合的问题。"同一年，产学研合作正式被纳入国家的科技体制改革中。1993年，"鼓励企业、高等院校开展联合和协作"被写进了新出台的《中华人民共和国科学技术进步法》。

2. 第二阶段：产学研合作快速发展阶段（1995—2005年）

这一阶段中的标志性事件是1995年全国科学技术大会的召开。这次会议做出了"实施科教兴国"的重大战略决策，并进一步在《关于加速科学技术进步的决定》中明确指出，科技工作的首要任务是要着力解决好经济和社会发展中的一些重大问题，要持续推动产学研相结合。1997年党的十五大报告中进一步明确指出，有条件的科研机构和大专院校要以不同形式同企业合作，走产学研结合的道路。

3. 第三阶段：产学研合作系统发展阶段（2006年起至今）

《国家中长期科技发展规划纲要（2006—2020）》中明确提出，要加快推进有中国特色的国家创新体系的建设，并且要构建一个以企业为主体、产学研结合的技术创新体系，以此作为全面推动国家创新体系战略建设的切入口和突破口。2007年党的十七大报告中指出，为了要把我们国家建设成为一个创新型的国家，就要支持和引导创新性的要素向企业集聚。2012年，党的十八大报告进一步指出，要深化科技体制改革，加快建设国家创新体系，着力构建以企业为主体、市场为导向、产学研相结合的技术创新体系。

随着信息技术的发展和创新形态的演变，政府在开放创新平台搭建和政策引导中的作用以及用户在创新进程中的主体地位进一步凸显。当前，已从"产学研"发展到"政产学研金服用"，进一步强化了创新中各方主体地位的作用和关联性。

"政"：由政府牵头推动开放创新平台搭建并出台相关政策来推动一体化发展，在强有力的政策保证下使产学研合作围绕应用转化和创新价值实现得到快速发展。

"产"：在市场经济的前提下企业寻找更加适合企业发展的合作方式，以科研机构、高校的人才、研究成果输出作为企业发展的原动力。

"学"：高校、科研院所的人才培养能更加适应社会企业的需求，以高素质的专业人才来完成对行业内的转型需求。

"研"：借助社会企业的良好平台及资源，科研机构在技术上的开发的同时完成对研究方向的规划，以单纯的技术型研究机构转型成技术、方向性兼顾的研究结构，同时研究成果将推动企业以及行业的整体发展。

"金"：金融配套强保障，多层次、多渠道、多元化的创新投入机制。

"服"：中介服务提效率，科技服务实现专业化、产业化、品牌化发展。

"用"：以生产者为中心的创新模式正在向以用户为中心的创新模式转变，以用户为中心、社会为舞台的面向知识社会、以人为本的创新2.0模式正逐步显现，用户创新成为科技创新活动的重要战场。

→ 第三节　产学研合作的模式

产学研合作模式是企业、高校（科研院所）双方为实现特定目的的具体的行动方案，是将二者联系起来的对接方式，任何一种模式的形成实际上都是一个动态博弈的结果，是合作双方在责任、权利、利益、风险等方面所达到的一个平衡。

产学研合作的模式有很多，分类方法也很多。多数分类是以科研院所为核心。以企业为核心，产学研合作模式按照与企业合作的紧密程度进行梳理和分类，从大到小依次是：①企业拥有自主独立的研发机构；②联合多方在企业共建研发平台；③组建产学研战略联盟；④搭建科技成果转化和孵化公共服务平台；⑤在科研院所设立产业技术研究院。

（1）模式一：企业拥有自主独立的研发机构。这种模式的特点是企业具有独立的研发能力，产学研合作多是从市场需求出发，以产业化重大项目为牵引，和科研院所合作，聚焦突破关键技术。如以重大项目为依托，以企业为主导，利用企业在产品工程化、市场化方面的经验和高校、科研院所在学科、人才、试验平台等方面的基础优势，围绕关键技术组织联合攻关。如上汽集团与上海交大、同济大学等单位合作，开展新能源汽车关键技术研究，在燃料电池汽车关键零部件方面取得了一系列突破。从效果来看，这一模式是比较成熟和理想的产学研合作模式。但现实情况是，多数企业并不具有独立的研发机构。企业自主的研发能力建设将是当前和未来相当长时期的发展重点。

（2）模式二：联合多方在企业共建研发平台。由企业与高等院校或科研院所在企业共建实验室、工程研究中心或研究院等研发平台，为产学研各方提供一个相对固定的交流平台，促进产学研各方人才、技术、信息的交流和融合。这一模式的特点是在企业设立多方合作的研发平台，企业具有主导权，但科研院所有了一定的决策参与权。

（3）模式三：组建产学研战略联盟。以提升产业技术创新能力为目标，积极鼓励企业、高等院校、科研机构、用户组建产学研用战略联盟，使产学研合作更具有战略性、长期性和稳定性。这一模式的特点是政府或行业协会围绕产业的瓶颈问题而搭建产学研合作的平台。企业和科研院所具有相对平等的参与地位，但相对来说比较松散，需要有明确的合作任务或坚强有力的政府或协会支持。如果缺乏有效的激励机制和保障机制，这一模式长远来看并非十分有效。

（4）模式四：搭建科技成果转化和孵化公共服务平台。充分发挥高等院校和科研院所专业学科优势和地方政府的资源优势，建立和完善科技创新服务体系，实现专业人才、市场、技术和信息等要素共享。这一模式往往在科研院所内部或附近设立公共服务平台，距离科研院所较近，是目前各地广受科研院所欢迎的模式。

（5）模式五：在科研院所设立产业技术研究院。这一模式主要以培育和发展新兴产业为主旨，针对关键共性技术和重大创新成果进行重点培育，使技术优势与金融资本、产业基础更紧密结合，最终实现创新成果的市场化和规模化。这一模式主要提供产业关键共性技术，一般由科研院所来主导，更像科研机构的一部分。企业有技术需求，可以到研究院所来采购或定制。

目前，我国电力工业发展已经进入大电网、大机组、高电压、高自动化阶段，大容量、超高压电力工程不断投入运行，使得电力系统的复杂性明显增加。在这种形势下，提升电力科技水平，保障电力安全稳定运行便成为重要任务，这有赖于电力行业对自主创新的投入和关键技术的研发工作。电力行业需要紧抓机遇、认清形势，认真落实国家中长期科学发展规划，依靠科技创新，提高自主创新能力，进一步营造鼓励创新的环境，使创新智慧竞相迸发、创新人才大量涌现，通过科技创新和技术进步，促进电力工业又好又快发展。电力企业应加快建立以企业为主体、市场为导向、产学研相结合的技术创新体系，引导和支持创新要素向企业集聚，促进科技成果向现实生产力转化，产学研合作是创新驱动发展战略的关键环节，推进产学研深度融合是一项系统工程。目前，电力企业常用的产学研合作模式如下：

技术转让（企业目前主要采用这种形式）：科研院所将所持有的技术成果按照合同约定转让给公司使用；委托开发：企业根据企业生产或产业发展要求，委托高校或研究院所对新技术、新产品、新工艺和新材料进行专题研究，并将其研究成果按合同的约定转化应用；共建研发实体：利用科研院所的基础理论扎实、研发能力强的技术优势，结合公司生产过程工艺熟悉、具有产业化和资金优势，由双方技术人员共建研发实体，对某一课题进行联合研究开发。

➡️ 第四节 产学研合作的政策及法规

"产学研"是一种合作系统工程，字面意思就是生产、学习、科学研究、实践运用的系统合作。《国家中长期科学和技术发展规划纲要（2006—2020年）》及其配套政策中指出，探讨具有中国特色的产学研结合的有效机制和模式，进一步推进以企业为主体、市场为导向、产学研结合的技术创新体系建设。

产学研合作主要政策变化见表2-6-1～表2-6-3。

表2-6-1　　　　产学研合作政策的探索阶段（1981—1993年）

时间（年）	文件名称	主要内容
1981	《关于我国科学技术发展方针的汇报提纲》	提出"贯彻执行科技工作为经济建设服务的方针"
1984	《关于经济体制改革的决定》	提出"进一步解决科技和经济结合的问题"

续表

时间（年）	文件名称	主要内容
1985	《中共中央关于科学技术体制改革的决定》	（1）提出"经济建设必须依靠科学技术，科学技术必须面向经济建设"的指导思想； （2）提出具体的公共政策，如改革拨款制度、开放技术市场、建设高新技术开发试验区等
1986	《国务院关于进一步推进科技体制改革的若干规定》	（1）以技术开发工作为主的大多数科研机构，应逐步进入企业或企业集团或与其实行紧密联合； （2）研究开发经费应逐步依靠企业或者企业集团从销售总额中提取
1988	《国务院关于深化科技体制改革若干问题的决定》	（1）科研机构可以和企业互相承包、租赁、参股、兼并； （2）或进入企业、企业集团，或发展科技型企业等
1993	《中华人民共和国科学技术进步法》	（1）进一步明确科学技术对国家发展的关键性作用； （2）鼓励企业与研究开发机构、高校联合进行研究开发

表 2-6-2　　　　　　产学研合作政策的全面推广阶段（1994—2001 年）

时间（年）	文件名称	主要内容
1994	国家科委、国家体改委关于《适应社会主义市场经济发展深化科技体制改革实施要点》	（1）继续鼓励研究开发机构探索和实践技工贸、技农贸一体化经营； （2）支持科研机构与企业联合进行技术开发； （3）支持有条件的科研机构直接进入企业，成为企业技术开发部或技术开发中心
1994	《关于高等学校发展科技产业的若干意见》	对高校科技产业发展的指导方针和人事管理制度、产业发展的环境和条件等做了具体规定
1995	《中共中央关于加速科学技术进步的决定》	（1）在全国实施科教兴国的战略； （2）要继续推动产学研合作
1999	《关于加强技术创新，发展高科技，实现产业化的决定》	（1）进一步部署推进"科教兴国"国家战略； （2）提出确立企业技术创新的主体地位，让多数科技力量进入市场创新、创业
2000	《关于加速实施技术创新工程以形成以企业为中心的技术创新体系的意见》	（1）提出要加强产学研联合机制建设； （2）确定了 100 个多种形式的产学研联合示范点，并且抓好 50 个左右的产学研联合体
2001	《关于推进行业科技工作的若干意见》	提出积极推动企业与大学、企业与科研院所联合建立专业或综合性的行业工程技术中心

表 2-6-3　　　　　　产学研合作政策的快速发展阶段（2002 年至今）

时间（年）	文件名称	主要内容
2002	《国家产业技术政策》	（1）提出要建立以企业为中心，风险共担的产学研结合机制； （2）形成以市场为导向的研究开发体系及开放式的产学研合作机制

时间（年）	文件名称	主要内容
2006	《中共中央国务院关于实施科技规划纲要增强自主创新能力的决定》	鼓励、支持企业和科研院所、高等院校联合建立研究开发机构以及产业技术联盟等技术创新组织
2006	《国家中长期科学和技术发展规划纲要（2006—2020）》	（1）对国家创新体系的框架结构、运行机制及支持系统做了详细说明； （2）提出要研究制定促进产学研结合的优惠政策
2008	国务院办公厅转发发展改革委等部门关于促进自主创新成果产业化若干政策的通知	（1）鼓励高等院校和科研机构向企业转移自主创新成果； （2）鼓励科研人员开展自主创新成果产业化活动； （3）提高企业的技术开发和工程化集成能力
2008	六部门联合发布《关于推动产业技术创新战略联盟构建的指导意见》	（1）充分认识推动产业技术创新战略联盟构建的重要意义； （2）联盟的主要任务是组织企业、大学以及科研机构等围绕产业技术创新的一系列关键问题以开展技术合作； （3）鼓励企业、大学和科研机构及其他组织机构探索多种、长效、稳定的产学研结合机制
2010	关于印发《国家大学科技园认定和管理办法》的通知	（1）指出国家大学科技园是高校实现产学研结合和社会服务功能的重要信道； （2）对申请认定国家大学科技园应具备的条件做出了规定； （3）对国家大学科技园在孵企业应具备的条件做出了规定
2012	中共中央、国务院印发关于深化科技体制改革加快国家创新体系建设的意见	（1）强化企业技术创新主体地位，促进科技与经济紧密结合； （2）加强统筹部署和协同创新，提高创新体系整体效能； （3）完善人才发展机制，激发科技人员积极性创造性
2016	国务院关于印发实施《中华人民共和国促进科技成果转化法》若干规定的通知	（1）促进研究开发机构、高等院校技术转移； （2）激励科技人员创新创业； （3）营造科技成果转移转化良好环境
2019	关于打造"政产学研金服用"创新创业共同体的实施意见	（1）统筹推进创新创业共同体建设； （2）构建"政产学研金服用"融合创新生态； （3）完善科技成果转移转化服务体系

➡ **第五节　产学研合作管理办法介绍**

面对 21 世纪新技术革命和产业革命的挑战，电力作为资本密集、技术密集的基础产业，发展现状问题还存在许多，集中体现在：电力装机机组的结构不合理，小火电所占比例过大，煤耗过高，线损率居高难下，许多技术指标还比较落后；全员劳动生产率偏低；科技成果的转化率偏低，技术进步对电力增长速度的贡献率不高。造成这些问题的根本原因在于目前的电力发展还没有真正转移到依靠科技进步和提高劳动者素质的轨道上来。为了从根本上改变这一状况，电力行业明确提出了实施"科教兴电"的发展战略。明确电力生产的发展取决于电力科技进步的水平和电力人才资源的总体实力。以企业为主体的产学研合作，是适应电力工业深化改革，促进科技、教育和生产有机融合的必然要求。

选取某电力建设企业《产学研合作管理办法》介绍企业开展产学研合作的要求。

一、 产学研合作的组织管理

企业科技管理部门是产学研合作的主管部门，其他职能部门负责配合工作，下属单位是产学研合作的需求和实施部门：

（1）科技管理部门职责。

负责产学研合作单位的预审、准入评审和年度评价工作；负责组织产学研合作内容的交流和洽谈；负责产学研合同签署及执行等工作的组织和管理。

（2）商务、法务管理部门。

负责制定相应产学研合同模板；负责审查产学研合同相关条款。

（3）财务管理部门。

负责产学研合作费用支付和资金管理；参与合作单位资质的审查和评价。

（4）人力资源部门。

负责产学研合作专家、专家库及人才基地共建管理；参与合作单位资质的审查和评价。

（5）企业直属各专业单位。

专业单位是产学研合作工作的具体实施部门。负责起草产学研合作合同技术部分的相关内容，并参与合同洽谈。负责具体的产学研合作实施和完成情况评价资料的准备。

二、 产学研合作的工作程序

（1）合作单位资格审查与准入。

科技管理部门根据工作需要遴选合作单位，并组织合作单位提交资格预审调查表（见附表 A-1）。专业单位根据业务需要推荐产学研合作单位，并按程序向科技管理部门提交资格预审调查表和申请表（见附表 A-1 与附表 A-2）。科技管理部门根据提交的文件对合作单位进行资格预审。科技管理部门组织合作单位进行初步意向洽谈和准入评审，根据具体业务需要实地考察确定产学研合作单位。

（2）产学研合作事宜洽谈。

科技管理部门组织相关部门洽谈技术服务和改造事宜，确定具体工作量和任务确定合同额度。专业直属单位负责洽谈技术服务和技术改造的具体内容。

（3）产学研合作协议审批。

专业直属单位负责起草合作合同书的技术部分，交科技管理部门审查。科技管理部门在技术部分的基础上完善通用部分，并提交审批流程。商务、法务、财务部门负责合同审查工作。通过审批的合同，科技管理部门负责组织签订。

（4）产学研合作实施。

专业直属部门按合同约定，组织产学研合作单位开展具体约定的技术服务和改造工作。专业直属部门负责组织完成各种过程资料，并做好过程记录。完成合作任务后，专业直属部门向科技管理部门提交产学研合作完成情况评价表（见附表 A‐3）。科技管理部门负责执行研发平台共建和项目联合申报合同，组织过程管理。专业直属单位和依托项目负责人才培养基地共建合同的执行，负责按共建计划和要求为企业人才和在校大学生提供实习实训的基地和平台。

（5）产学研合作费用支付。

完成合同约定内容的，科技管理部门组织相关单位进行合同执行情况审查。具备付款条件的，科技管理部门根据开具的发票办理付款申请手续。具备收款条件的，科技管理部门联系财务部门开具相应发票，提交合作单位办理付款。合同执行完成后，科技管理部门按公司《合同管理办法》中规定执行关闭。

第七章

科技创新研发平台建设

→ **第一节　科技创新研发平台概述**

一、　科技创新研发平台的定义

科技创新研发平台（研发平台）是一整套支撑科学技术研究的系统，包括团队分工协作，资金、设备等物质条件支持，技术支持，与其他团队交流的机会，相应的激励机制等。它是由各级人民政府的有关部门批准建设的从事科学研究、技术开发、测试鉴定、资源保存、试验观测、孵化转化、科技服务、专门人才引进与培养等科技活动的基地或机构。例如企业技术中心、工程实验室等都属于研发平台。

二、　科技创新研发平台的分类

科技创新研发平台（研发平台）作为推进国家科技创新能力建设的重要抓手，对促进我国科学源头创新，支撑社会经济发展有着重要作用，已成为我国提高国家综合竞争力的重要力量。研发平台是以科技研发为目的组建的经上级主管部门认定的科研组织机构，大体可根据认定的部门和级别进行分类。

（1）科技部门认定平台：工程技术研究中心；重点实验室；协同创新中心等。

（2）发展改革委部门认定平台：企业技术中心；工程实验室等。

（3）认定单位的级别划分：主要有行业级、集团级、市级、省级、国家级。

三、　科技创新研发平台建设目的、作用

（1）建设科技创新研发平台的目的。

随着经济全球化步伐的加快，全球性的产业结构调整进一步加快，跨国公司以强强联合为主要内容的兼并和重组，得以在更大范围内整合资源，拓展优势，提高市场竞争能力。与此同时，国外公司加快全面进入中国市场的步伐，纷纷在华设立研究开发中心，这标志着国外企业已从过去的单纯的产品竞争转变为从整个产业的研发、生产、服务等方面与对手展开了全面的竞争。激烈的市场竞争使国内企业前所未有地感受到技术创新在生存与发展中的重要作用，纷纷积极探索技术创新的有效方法与途径。企业作为技术创新的主体，建设企业科技创新研发平台是提升企业技术创新能力的关键环节和重要内容，也是企业自我发展、提高竞争力的内在需求和参与市场竞争的必然选择。

（2）建设科技创新研发平台的意义与作用。

企业科技创新研发平台不是单纯的技术组织，是企业技术创新体系的核心和支撑企

业长期健康发展的战略制高点，能够形成面向市场、充分调动内部资源、广泛利用外部资源的开放式技术发展机制。

企业研发平台在深入分析和准确把握市场的基础上，能够做好支撑企业中、长期发展需要的研究开发工作，积极搞好引进技术的消化、吸收和创新，充分利用先进技术成果进行综合集成和应用开发，形成有自主知识产权的主导产品和核心技术。

企业研发平台是企业技术创新体系的重要组成部分，是企业技术创新的基础平台。

企业研发平台是企业实施产学研合作的主要载体，能够积极与高等院校、研究院所建立多种形式的合作协同关系，有效地组织和运用社会资源为企业技术创新服务。加强与国内外同行企业的交流与合作，联合开展战略性研究开发，推动产业技术的升级换代。

企业研发平台具备必需的先进的研究开发条件，建立有效的激励机制，吸引国内外的科技人才到企业研发中心工作，增强企业对科技人员的凝聚力，提高企业技术人员的整体素质；技术服务与技术孵化和辐射职能。

➡ 第二节　科技创新研发平台认定要求

针对不同的科技创新研发平台，其认定的标准和要求是不同的。选取某省工程实验室认定建设管理办法要求举例说明。

工程实验室是依托企业、科研机构或高等院校，围绕提高产业自主创新能力和核心竞争力，促进产业结构调整，推动产业转型升级而设立的研究开发平台，是基础研究成果向工程技术转化的重要途径，是企业技术创新体系的重要组成部分。工程实验室的主要任务是围绕重点产业开展核心技术攻关、关键工艺试验研究、重大装备样机研制、相关标准制定、创新人才培养、科技成果转化及为行业提供技术服务等。

一、 工程实验室认定管理部门

省发展改革委负责对全省工程实验室建设布局进行宏观指导，组织开展认定和评价等工作。各市发展改革委（省有关部门、中央驻省单位）负责工程实验室的申报和管理工作。

工程实验室认定原则上每年开展一次。省发展改革委发布通知进行安排，明确重点支持领域、申请材料、受理时间等事项。

二、 工程实验室申请单位应具备条件

1. 基本条件

（1）申请单位应具有较强的综合实力。申请单位为企业的，其固定资产原值应不低于3000万元，或者研发投入占销售收入的比重达到8%以上；申请单位为科研机构或高等院校的，拟申报实验室近三年每年的建设与运行经费应不低于300万元。

（2）申请单位应具有较高水平的创新团队，凝聚一批高层次团队带头人和专职科研人员。注重工程实验室人才队伍建设，在外部人才引进、在职人员进修培训、职称晋升

等方面，优先考虑支持。

（3）申请单位应具有先进的研发试验设施，具备良好的产学研合作基础。积极参与开展创新创业活动，具有主持国家或省重点科研项目的经历，拥有一批高水平研发成果和技术储备。

（4）申请单位应拥有运行一年以上的市级工程实验室；省属单位和中央驻省单位应拥有组建运行一年以上的工程实验室。

（5）工程实验室现有研发场所原则上应不少于 $1200m^2$，研发设备原值原则上不少于 800 万元，固定科研人员不少于 20 人。

（6）拟认定工程实验室应定位明确、发展思路清晰，任务和目标合理。有规范的工程实验室管理体制和运行机制。

2. 认定评价指标体系

认定评价指标体系见表 2-7-1。

表 2-7-1　　　　　　　　　认定评价指标体系

一级指标	二级指标	权重	三级指标	单位	权重	基本要求
创新投入	创新经费	20	研发人员人均研发经费支出	万元	8	≥5
			研发经费支出占主营业务收入的比重	%	12	分档
	创新人才	15	研发人员占企业职工总数的比重	%	7	≥3
			技术中心拥有的高级专家和博士人数	人	4	≥1
			来技术中心从事研发工作的外部专家人数	人月	4	≥10
创新条件	技术积累	13	企业拥有的全部有效发明专利数	项	5	≥1
			企业全部研发项目数	项	4	≥10
			基础研究和应用研究项目数占全部研发项目数的比重	%	4	≥1
	创新平台	12	国家级研发平台数	个	3	≥1
			省级研发平台数	个	2	≥1
			企业技术开发仪器设备原值	万元	4	≥500
			通过国家（国际组织）、省认证的实验室和检测机构数	个	3	≥1
创新绩效	技术产出	15	当年被受理的专利申请数	项	5	≥5
			当年被受理的发明专利申请数	项	6	≥1
			最近三年主持和参加制定的国际、国家、行业和地方标准数	项	4	≥1
	创新效益	25	新产品销售收入占主营业务收入的比重	%	10	≥20
			新产品销售利润占利润总额的比重	%	10	≥15
			利润率	%	5	≥5

一级指标	二级指标	权重	三级指标	单位	权重	基本要求
加分	加分	20	获省级自然科学、技术发明、科技进步奖项目数	项	4	≥1
			企业享受加计扣除政策额度	万元	4	>0
			企业开发关键共性技术数量	项	4	≥1
			企业获得省级以上质量标杆，品牌示范、试点企业情况	项	4	≥1
			承担的省级以上项目数量	项	4	≥1

三、 工程实验室运行评价要求

工程实验室实行定期评价制度。每两年评价一次，奇数年为评价年，报告期为上一年的 1 月 1 日至 12 月 31 日。各承担单位提交运行工作报告、真实性承诺及有关证明材料。评价结果 60 分（含）～75 分以上及格；75 分（含）～85 分为良好；85 分（含）以上为优秀。

第八章

科技创新信息化建设

→ **第一节　科技创新信息化概述**

　　信息化是指培养、发展以计算机为主的智能化工具为代表的新生产力，并使之造福于社会的历史过程。智能化工具又称信息化的生产工具。它一般必须具备信息获取、信息传递、信息处理、信息再生、信息利用的功能。

　　企业信息化实质上是将企业的生产过程、物料移动、事务处理、现金流动、客户交互等业务过程数字化，通过各种信息系统网络加工生成新的信息资源，提供给各层次的人们洞悉、观察各类动态业务中的一切信息，以做出有利于生产要素组合优化的决策，使企业资源合理配置，以使企业能适应瞬息万变的市场经济竞争环境，求得最大的经济效益。

　　科技创新信息化是通过信息技术的革新和应用来提升改变企业现有科技创新技术和科技创新管理方式的过程，本书所指信息化侧重于科技管理的信息化。通过利用现代信息技术，提高对科技创新信息资源的开发和共享，促进企业科技管理与组织模式的变革，使企业的人力、物力、财力资源得到更加有效的配置，不断提高科技创新管理效率和水平，进而提高企业的科技竞争力水平。

→ **第二节　科技创新信息化的作用和必要性**

　　习近平指出，创新是引领发展的第一动力，要发挥科技创新在全面创新中的引领作用。目前信息化已进入全面渗透、跨界融合、加速创新、引领发展的新阶段。以物联网、大数据、云计算、机器深度学习、人工智能等信息技术为核心的新一轮科技革命正在兴起，信息化正加速向互联网化、数据化、智慧化方向演进，科技创新也要适应并引领这种新的趋势，依托互联网信息技术实现互联网与传统业务的联合，以优化生产要素、更新业务体系、重构商业模式等途径来增强企业的市场竞争力，提高企业的生产效能、管理效能以及创新效能，完成企业发展的转型和升级。因此信息化建设是企业创新发展的必经之路。

　　现代信息技术在企业科技创新中发挥了巨大作用。一方面是技术创新能力提升的新动力，信息技术与科技创新技术相结合产生新的技术应用，增加产品的科技含量，激发内部技术创新潜力，提高技术创新活力；另一方面能够使企业优化内部科技创新资源配置，完善业务流程，能够使企业以更高的效率和更低的成本获取和管理信息，不断提高企业科技创新决策和管理的效率和水平，进而从总体上提高企业经济效率和企业市场竞争力。

第三节 企业科技创新信息化建设任务和实施方式

一、 企业科技创新信息化建设任务

企业信息化的驱动力既来自"业务管理"活动，也来自"职能管理"活动，在信息化规划中梳理企业科技管理的业务流程，要覆盖这两类管理，形成各职能管理和业务运行的信息化需求。此外还应包括信息技术助推科技创新技术的信息化等方面内容。

1. 企业科技创新职能管理的信息化

职能管理则是围绕企业所有增值业务的管理活动，指通过计划、组织、领导、控制及创新等手段，结合人力、物力、财力、信息、环境、时间这六要素，以其高效地达到组织目标的过程。

科技职能管理信息化要依据科技管理中的计划、监督、考核等工作要求，在各个相关部门中建立统一、标准的科技管理电子化、数据化的表单及相应的流转流程，最终汇总形成系统性的科技管理数据，实现科技创新职能管理数据的共享融合。

2. 企业科技创新业务运行的信息化

业务流程管理是全面梳理企业流程各环节、各要素及其相关性，实现对整个企业流程体系及要素的有效管理。业务流程是企业运行的脉络，直接决定了企业的作业逻辑。企业总体流程框架是否科学合理，具体流程运行是否通畅、快捷，关系到企业运行的效率和效益，必须对业务流程加以有效的管理。

科技管理业务流程的信息化是实现科技管理数据化、自动化的重要环节，借助信息化应用。一是可以检验原有流程的逻辑正确性；二是把经过梳理优化后的科技创新业务流程固化下来，提高业务流程流转效率；三是通过业务流程信息化，把所有科技管理业务的基础数据进行汇总，可以对基础业务的运行数据进行统计分析，进而提高基础业务运行的质量、效率，不断提高科技创新管理的有效性。因此科技管理业务流程的信息化是科技管理信息化最重要的基础环节，可以对职能管理提供有效的数据支撑。

3. 新信息技术应用助推科技创新

信息技术是应用信息科学原理和方法，对信息进行采集、处理、传输、存储、表达和使用的技术总称。随着科技的发展和进步，信息技术已经渗透到各行各业，各行业技术创新由此获得了新的发展动力。在生产运营的各个环节应用物联网、云计算、大数据等技术，创新生产方式，提高效率行程发展新优势和新动能。因此研究新信息技术在技术创新中的应用也是一项重要的任务。

二、 企业科技创新信息化的实现路径

1. 系统规划阶段

对组织的环境、目标、现行系统的状况进行初步调查，根据组织目标和发展战略，

确定信息系统的发展战略，对建设新系统的需求做出分析和预测，同时考虑建设新系统所受的各种约束，研究建设新系统的必要性和可能性，对备选方案进行可行性分析，通过后将新系统建设方案及实施计划编写成系统规划报告。

2. 系统分析阶段

根据系统规划报告所确定范围，对现行系统进行详细调查，描述现行系统的业务流程，指出现行系统局限性和不足之处，确定新系统的基本目标和逻辑功能要求，即提出新系统的逻辑模型。系统分析阶段的工作成果体现在系统分析说明书中。

3. 系统设计阶段

系统设计阶段的任务是根据系统说明书中规定的功能要求，考虑实际条件，具体设计实现逻辑模型的技术方案，也即设计新系统的物理模型。这个阶段的技术文档是系统设计说明书。

4. 实施阶段

系统实施阶段的任务包括计算机等硬件设备的购置、安装和调试，应用程序的编制和调试，人员培训，系统调试等。系统实施是按实施计划分阶段完成的，每个阶段应写出"实施进度报告"。

5. 维护与评价

系统投入运行后，需要经常进行维护，记录系统运行情况，根据一定的程序对系统进行必要的修改，评价系统的工作质量和经济效益。

三、 企业科技创新信息化建设实施方式

科技创新信息化建设的实现方式分为两种方式：一是内部自主开发，二是外部引进专业管理软件。

1. 自主开发

借助企业内部原有的信息化管控平台，进行功能拓展开发，将科技管理逐步融入各业务的管控模块中，最终实现科技管理全业务流程的信息化管控。

优点：管理方式一致，借助原有平台，相关业务的信息系统（比如人资、财务、供应、商务等管理系统）的功能及资源均可以网上调用，不用单独开发程序接口，开发及维护成本低。

缺点：依赖原有平台的信息化开发程度，信息化管理流程需要自己建立，开发周期较长。

2. 外部引进专业商用管理软件

独立与公司现有平台，整套引进专业商用管理软件。

优点：引进整套软件系统相当于引进了整套的管理方式，可以进行管理经验的借鉴；部署速度快，需要进行相应的功能配置及基本数据录入即可进行应用；另外如有个性化需求，可在管理软件的基础上进行二次开发，满足后续升级需要。

缺点：内外部管理方式不同，软件功能及内部工作方式需要进行磨合调整；内外部程序接口操作繁琐；费用较高，沟通成本高。

各企业在进行科技创新业务信息化建设时，需要结合自身信息化情况，进行具体分

析，统筹考虑以何种方式进行开发建设。一般电力工程类企业，实施信息化时间相对较早，有独立的信息管理部门，技术上相对成熟，大部分已经建立了自己独立的信息工作平台，这样就可采用独立建设的方式进行深度开发，将科技创新深度融入企业的原有管理系统。

第四节 企业科技创新信息化建设范例

本节以一个典型电力建设企业科技创新信息化建设为范例，简要介绍科技创新包含的主要功能模块。科技创新信息化建设主要分为科技综合管理、科技项目管理、科技成果管理、知识产权专利管理及研发费用管理等几个部分的内容。

1. 科技综合内容管理

包括规划管理、制度管理、平台管理、合同管理、培训管理、档案管理等文件管理内容。

2. 以科技项目为中心的科技活动内容管理

科技项目管理中职能管理包括科技项目计划、考核管理，业务管理包括科技项目立项、实施、结项等资料的提报及审核等流程管理内容。

3. 科技成果管理

成果管理中职能管理成果计划、考核管理，业务管理包括关键技术、工法、进步奖等成果的申报、审核等流程管理内容。

4. 知识产权专利管理

专利管理中职能管理包括专利计划、考核管理，业务管理包括专利申报、专利受理、专利授权的统计等流程管理内容。

5. 科技研发费用管理

科技研发费用管理是只围绕各类科技活动所产生过的费用进行管理。职能管理包括费用预算、费用核算管理，业务管理包括研发人员、研发材料、研发机械管理等费用的费用归集等流程管理内容。

第三篇

科技创新业务管理

第一章

企 业 技 术 中 心 运 行

➡ 第一节 企业技术中心概述

1. 企业技术中心的定义

企业技术中心，是指企业根据业务市场发展竞争需要设立的技术研发与创新机构，负责制定企业技术创新规划、开展支持业务发展的重要技术研发、创造和运用知识产权、建立企业技术标准体系、培养企业发展需要的科技创新人才、构建支撑企业发展的协同创新技术网络、推进企业技术创新全过程实施。

国家和各省市鼓励和支持企业建立技术中心，发挥企业在技术创新中的主体作用，建立健全企业主导产业技术研发创新的体系机制。国家和各省市根据创新驱动发展要求和经济结构转型调整需要，对创新能力强、创新体系机制好、推动行业发展引领示范作用大、符合认定条件的企业技术中心予以认定，并给予政策上的引导和支持，鼓励引导行业骨干企业带动产业技术进步和创新能力的同步提高。根据国家以及各省市的要求，目前企业技术中心的认定划分为三个等级：国家级企业技术中心、省级企业技术中心、市级企业技术中心。

2. 企业技术中心的意义和作用

（1）省级企业技术中心建立是企业适应市场经济发展的必然要求。

随着我国社会主义市场经济的不断发展与壮大，企业已逐步占据市场竞争的主导地位，同时"创新求发展"的理念也已深入人心。组建企业技术中心，以此作为企业技术创新的主体，提高企业自主开发和利用社会资源能力，推动企业建立健全技术创新体系，通过技术创新增强企业市场竞争力，实现更大的经济效益、社会效益，增强企业发展后劲，成为适应市场经济发展的必然要求，是贯彻"科学技术是第一生产力"的必然结果。

当市场竞争日趋激烈、科技创新不断发展的今天，企业只有不断加强技术创新，研究开发拥有自主知识产权、具有市场竞争优势的高新技术产品，才能为企业不断地满足市场需求提供保证。同时，只有不断地开发新产品，运用新技术，推广新工艺，才能提高产品质量、提高劳动生产率、降低产品成本，企业才能在激烈的竞争中立于不败之地。

（2）省级企业技术中心建立是企业技术进步的载体。

企业技术中心是企业制订和实施长期发展战略、整合内外资源、统筹管理技术创新活动，以及从事重大技术研究开发、促进科技成果向现实生产力转化的综合机构。组建省级企业技术中心，提高企业管理与技术创新水平，不断研制开发适应市场竞争的新产品、新技术、新工艺，成为企业突破发展瓶颈的必然选择，也是企业适应市场经济发展的必然结果，推进行业技术进步的迫切需要。

3. 企业技术中心的功能定位

企业技术中心是市场经济的产物，其规模、水平和作用与市场经济的发展程度相关。企业技术中心不是单纯的技术组织，其职能也不仅仅是从事研究开发工作，而应定位在企业技术创新体系的核心和支撑企业长期健康发展的战略制高点上，形成面向企业市场业务发展、充分调动内部资源、广泛利用外部资源的开放式运行机制，形成合理的决策程序、立项程序和管理程序，根据企业技术中心运行的主要任务要求，其主要职能应有：

新产品、新工艺、新装备、新材料的研究与开发。企业技术中心在深入分析和准确把握市场发展的基础上，重点做好支撑企业中长期发展需要的研究开发工作，不断研究开发出有市场前景、竞争力的新产品、新工艺、新技术，积极搞好引进技术的消化、吸收和创新，充分利用先进技术成果进行综合集成和应用开发，形成有自主知识产权的主导核心技术。

企业技术创新和技术发展的决策咨询。具备技术和市场发展信息的获取、分析和判断能力，参与企业发展战略和承担技术创新战略规划的制定和实施。

企业技术创新体系建设。企业技术中心体系是企业技术创新体系的重要组成部分，是企业技术创新的基础平台。

产学研合作和对外合作交流。企业技术中心要成为企业实施产学研合作的主要载体，积极与高等院校、研究院所建立多种形式的合作协同关系，有效地组织和运用社会资源为企业技术创新服务。加强与国内外同行企业的交流与合作，联合开展战略性研究开发，推动产业技术的升级换代。

企业技术创新人才的培训。企业技术中心要具备必需的先进的研究开发条件，建立有效的激励机制，吸引国内外的科技人才到企业技术中心工作，增强企业对科技人员的凝聚力，提高企业技术人员的整体素质。

4. 企业技术中心的发展历程

在经济发展过程中，管理者开始认识到现代工业是以技术创新为灵魂的工业，工艺及生产的产品是具有生命周期的，同时为了追求利润最大化，市场份额的竞争，抢占技术制高点，掌握技术主动权，从19世纪后期和20世纪初期，美、日、德、英、法、意等国家的企业纷纷建立了自己的技术中心。从总体上看，欧美建立技术中心最早，日本次之，韩国较晚。纵观这些国家的企业技术中心的发展，大体可分为三个阶段：萌芽期、发展期和成熟期。

随着科技与经济的迅猛发展，加速了世界经济一体化进程，加强了全球科技、资源和市场的融合，科技与经济的结合越来越紧密，科技对经济的贡献也越来越大。党中央在十四届三中全会明确提出："企业要成为技术开发的主体"。1991年，时任国务院副总理朱镕基要求"企业集团建立自己的科研中心或技术中心"。为了落实党中央的决定和国务院领导的指示，提高企业技术研究开发水平，1993—1994 年，国家经贸委、国家税务总局和海关总署等在全国大中型企业中资助建立了 60 多个企业技术中心。1999 年 8 月，党中央、国务院召开了全国技术创新大会，中共中央、国务院做出了"加强技术创新，发展高技术，实现产业化"的决定。决定中明确指出："大中型企业要建立健全技术中心，加速形成有利于技术创新和科技成果迅速转化的有效运行机制"。此后，各省、市的经贸、科技管理等部门开始筹建多级企业技术中心。各级政府通过财政、税收等多种形式，对各级企业技术中心建设进行支持，持续完善科技创新体系。截至目前，国家层面先后认定了 26 批 1480 家国家级企业技术中心，引导和带动了全国各省市技术中心工作的广泛开展，目前，省市以上认定企业技术中心覆盖了国民经济各主要产业领域的大中型骨干企业。围绕加快国家特色创新体系建设，促使企业成为技术创新的主体，许多企业通过技术中心建设，使自身的核心竞争能力明显提高，有效推动了企业技术创新工作的开展。

第二节 企业技术中心的认定

根据国家和各省市企业技术中心的建设要求，选取国家级企业技术中心的认定要求和指标体系进行介绍。

1. 国家企业技术中心应具备的基本条件

企业在行业中具有显著的发展优势和竞争优势，具有行业领先的技术创新能力和水平；企业具有较好的技术创新机制，企业技术中心组织体系健全，创新效率和效益显著；有较高的研究开发投入，年度研究与试验发展经费支出额不低于 1500 万元；拥有技术水平高、实践经验丰富的技术带头人，专职研究与试验发展人员数不少于 150 人；具有比较完善的研究、开发、试验条件，技术开发仪器设备原值不低于 2000 万元；有较好的技术积累，重视前沿技术开发，具有开展高水平技术创新活动的能力；具有省级企业技术中心资格两年以上。

2. 国家企业技术中心认定指标设置

申请国家企业技术中心的企业，需根据《国家企业技术中心认定管理办法》和当年国家发展改革委通知要求，编制申请材料。申请材料内容应包括：《国家企业技术中心申请报告》、评价表及必要证明材料。

国家企业技术中心认定指标及说明见表 3-1-1。

表 3-1-1 国家企业技术中心认定指标及说明

序号	指标名称	单位	数据值
1	主营业务收入	万元	
2	研究与试验发展经费支出	万元	
3	研究与试验发展人员数	人	
4	企业职工总数	人	

续表

序号	指标名称	单位	数据值
5	技术中心高级专家人数	人	
6	技术中心博士人数	人	
7	来技术中心从事研发工作的外部专家人数	人月	
8	企业全部研发项目数	项	
	其中：基础研究和应用研究项目数	项	
9	国家级研发平台数	个	
10	省级研发平台数	个	
11	通过国家（国际组织）认证的实验室和检测机构数	个	
12	企业技术开发仪器设备原值	万元	
13	企业拥有的全部有效发明专利数	项	
14	当年被受理的专利申请数	项	
	其中：当年被受理的发明专利申请数	项	
15	最近三年主持和参加制定的国际、国家和行业标准数	项	
16	新产品销售收入	万元	
17	新产品销售利润	万元	
18	利润总额	万元	
19	获国家自然科学、技术发明、科技进步奖项目数	项	

指标说明：

1）主营业务收入：指报告年度内企业确认的销售商品、提供劳务等主营业务的收入。根据会计"主营业务收入"科目的期末贷方余额填报。若会计报告和会计报表中未设置该科目，以"营业收入"代替填报。

2）研究与试验发展（简称研发）经费支出：指报告年度内企业研发活动的经费支出合计，包括企业内部的日常研发经费支出，当年形成用于研发的固定资产支出和委托外单位开展研发的经费支出。

3）研究与试验发展人员数：指报告年度内企业内部直接参加研发项目人员，以及研发活动的管理和直接服务的人员。不包括全年累计从事研发活动时间占制度工作时间10%以下的人员。

4）企业职工总数：指企业在报告年度内平均拥有的从业人员数，按照统计指标"从业人员平均人数"计算。

5）技术中心高级专家人数：指全职在技术中心工作、获得国家、省、部和计划单列市等政府部门认定的有突出贡献的专家或者享受国家、省、部和计划单列市专项津贴的专家数。

6）技术中心博士人数：指全职在技术中心工作、获得博士学位的人员数。在站博士后可以作为博士进行统计。

7）来技术中心从事研发工作的外部专家人数：指来技术中心从事研究、技术开发工作的具有较高科技开发能力的海内外专家累计人月。最小统计单位为：0.5 人月。

8）企业全部研发项目数：指企业在报告年度当年立项并开展研发（制）工作、以前年份立项仍继续进行研发（制）的研究开发项目或课题，包括当年完成和年内研发工作已告失败的项目，不包括委托外单位进行研发的项目。从研发项目类型看，包括新产品开发项目数、新技术开发项目数、新工艺开发项目数、新服务开发项目数与基础研究项目数之和。

基础研究和应用研究项目数：指企业全部研发项目中主要以科学原理的探索与发现、技术原理的研究为目标的项目数。

9）国家级研发平台数：指企业作为项目法人承担建设、国家有关部门归口管理且已经获得批复的科技类、研究开发类平台数。

10）省级研发平台数：指企业作为项目法人承担建设、省级政府有关部门归口管理且已获得批复的科技类、研究开发类平台数。

11）通过国家（国际组织）认证的实验室和检测机构数：指通过中华人民共和国有关国家部门和国际组织认证认可的、仍在有效期内的实验室、检验检测机构数。

12）企业技术开发仪器设备原值：指报告年度末企业用于研发的固定资产中的仪器和设备原价。其中，设备包括用于研发活动的各类机器和设备、试验测量仪器、运输工具、工装工具等。

13）企业拥有的全部有效发明专利数：指报告年度末企业作为专利权人拥有的、经国内外知识产权行政部门授予且在有效期内的发明专利件数。

14）当年被受理的专利申请数：指报告年度内企业向专利行政部门提出专利申请并被受理的专利件数。

当年被受理的发明专利申请数：指报告年度内企业向专利行政部门提出发明专利申请并被受理的专利件数。

15）最近三年主持和参加制定的国际、国家和行业标准数：指企业在报告年度、报告年度前一年、报告年度前两年主持或参加制定，目前仍有效执行的国际、国家、行业标准的数量。

16）新产品销售收入：对于制造业企业，新产品销售收入指报告年度内企业销售采用新技术原理、新设计构思研制、生产的全新产品，或在结构、材质、工艺等某一方面比原有产品有明显改进，从而显著提高了产品性能或扩大了使用功能的产品实现的销售收入。新产品既包括经政府有关部门认定并在有效期内的新产品，也包括企业自行研制开发，未经政府有关部门认定，从投产之日起一年之内的新产品。对于建筑业企业，新产品销售收入指报告年度内企业采用新技术、新工艺、新结构、新材料等实现的营业收入。对于服务业企业，新产品销售收入指报告年度内企业通过提供在服务内容、服务方式、服务传递系统、服务技术手段等方面全新的或者做出明显改进的服务实现的营业收入。

17）新产品销售利润：指报告年度内企业通过销售新产品实现的销售（营业）利润。

18）利润总额：指报告年度企业生产经营过程中各种收入扣除各种耗费后的盈余，反映企业在报告期内实现的盈亏总额。

19）获国家自然科学、技术发明、科技进步奖项目数：指企业在报告年度、报告年度前一年度获得的由国务院设立并颁发的"国家自然科学奖""国家技术发明奖"和"国家科学技术进步奖"的项目总数。

3. 国家企业技术中心评价运行指标设置要求

（1）基本指标见表 3-1-2。

表 3-1-2　　　　　　　　　国家企业技术中心评价运行基本指标

一级指标	二级指标	权重	三级指标	单位	权重	基本要求
创新投入	创新经费	20	研发人员人均研发经费支出	万元	8	≥5
			研发经费支出占主营业务收入的比重	%	12	分档
	创新人才	15	研发人员占企业职工总数的比重	%	7	≥3
			技术中心拥有的高级专家和博士人数	人	4	≥5
			来技术中心从事研发工作的外部专家人数	人月	4	≥20
创新条件	技术积累	13	企业拥有的全部有效发明专利数	项	5	≥5
			企业全部研发项目数	项	4	≥10
			基础研究和应用研究项目数占全部研发项目数的比重	%	4	≥3
	创新平台	12	企业技术开发仪器设备原值	万元	4	≥3000
			国家级研发平台数	个	3	≥1
			省级研发平台数	个	2	≥1
			通过国家（国际组织）认证的实验室和检测机构数	个	3	≥1
创新绩效	技术产出	15	当年被受理的专利申请数	项	5	≥10
			当年被受理的发明专利申请数	项	6	≥5
			最近三年主持和参加制定的国际、国家和行业标准数	项	4	≥1
	创新效益	25	新产品销售收入占主营业务收入的比重	%	10	≥20
			新产品销售利润占利润总额的比重	%	10	≥15
			利润率	%	5	≥5
加分	加分		获国家自然科学、技术发明、科技进步奖项目数	项	≤5	

指标说明：

1）考虑到不同规模企业在研发投入强度上存在显著差异，对"研发经费支出占主营业务收入的比重"这一指标的基本要求按照企业规模划分为 4 档：主营业务收入 500 亿元及以上的企业为 1.0%，主营业务收入 100 亿～500 亿元（含 100 亿元）的企业为 1.5%，主营业务收入 10 亿～100 亿元（含 10 亿元）的企业为 2.0%，主营业务收入 10 亿元以下的企业为 3.0%。

2）企业作为主要完成单位或企业员工作为主要完成人获国家自然科学、技术发明、科技进步奖项目，特等奖每项加 5 分，一等奖每项加 3 分，二等奖每项加 1 分，累计不超过 5 分。

（2）限定性指标的最低标准。

年度研究与试验发展经费支出额不低于 1500 万元；年度研究与试验发展人员数不少于 150 人；年度技术开发仪器设备原值不低于 2000 万元。

➡ 第三节　企业技术中心运行管理

国内传统火电市场持续萎缩，火电新增装机继续减少。电力建设企业只有不断加强技术创新，研究开发拥有自主知识产权、具有市场竞争优势的高新技术产品，才能为企业不断地满足市场需求提供保证。同时，只有不断地开发新产品，运用新技术，推广新工艺，才能提高产品质量、提高劳动生产率、降低产品成本，企业才能在激烈的竞争中立于不败之地。

为确保电力建设企业技术中心的有效和规范运行，应当建立持续开展科技研发攻关的运行机制，建立和完善长效的技术创新管理流程和制度，对企业技术中心主要的科研流程进行有效的梳理和再造，进一步夯实技术创新管理的工作基础。根据国家和各省市企业技术中心运行工作的管理规定，企业科技项目研发管理及科技成果的产出管理应是企业技术中心运行过程中的重要任务。电力建设企业技术中心应围绕企业科技研发和科技成果产出工作，建立和完善相应的制度流程。一般包括《科技项目管理办法》《科技成果管理办法》《项目技术创新管理办法》等。针对企业技术中心运行过程中如何有效地管理科技项目和科技成果，从制度流程建设的角度简要介绍。

一、科技项目管理

1. 科技项目的基本概念

科技项目是指为解决企业生产、建设和经营发展中的科学技术问题，推动和促进企业技术水平和现代化管理水平的提高以及经济效益的增长，在一定实践周期内按照特定要求实施的研究开发活动，共包括立项阶段（编制指南、项目申请、项目预审、专家评审、审核批复和资料提报）、研发实施阶段、结项验收阶段三个阶段，见附表 B-1。

2. 电力工程科技项目的分类

根据电力建设企业在促进科学技术进步、保障工程建设、加强业务能力提升和促进企业经营发展等方面的重要性程度，科技项目分类如表 3-1-3 所示。

表 3-1-3 电力工程科技项目的分类

类别	项目名称	方向	主要内容
科研技术类项目	重大专项项目	与企业科技发展规划和产业结构调整方向紧密相关，需通过核心技术突破和资源集成完成的综合性重大关键技术研究项目	重大关键技术研究；基础性和前瞻性技术研究；重大设备首台套试点、示范应用技术研究；重大建设能力提升等
	重点项目	与企业科技发展规划和产业结构调整方向紧密相关的共性技术研究、重点试验能力提升项目；能促进公司工程建设能力和技术水平提升的重点技术研究项目和重大装备研制项目	重大关键技术配套研究；规划、设计、建设、运行和公司经营、生产、工程等管理共性技术研究；重点先进适用技术示范与应用；重点建设能力提升等
	推广应用项目	能够显著提高工作效率，降低成本，有利于节能环保安全的先进技术、产品、设备与工具、生产工艺、能源与原材料等的开发和推广应用示范项目	规划、设计、建设、运行和企业经营管理中应用技术研究；先进适用技术推广应用；群众性技术创新等
技术标准项目	重要标准项目	重要技术标准，指对企业生产经营、技术进步及发展具有重要影响和保障作用的各类技术标准	形成企业经营发展急需的重要技术标准；重要技术标准形成国家标准；重点产业关键技术形成技术标准；形成显著提高我国产业竞争力的技术标准
软课题项目	管理课题项目	以理论、方法、机制、技术或关键参数或以新产品的可行性研究、系统解决方案或关键技术为开发目标，研究提出解决问题或方案优化的建议，以研究报告为成果形式的项目	较强专业性课题研究。对企业发展的热点问题、难点问题进行研究，不断研究新情况、解决新问题、探索新思路。对企业的管理，如战略管理、体制改革、机构调整、安全生产、营销管理、流程规范等方面，有利于提高管理水平，提高运作效率的管理学课题

3. 科技项目管理组织设置及职责划分

企业技术中心运行科技项目的管理一般按照"自下而上"的原则开展立项申报，"自上而下"开展科技项目管理的督导实施，企业技术中心所属各部门在科技项目管理过程中应明确相应的组织职责。

（1）企业技术中心专家委员会职责。

企业技术中心专家委员会由技术委员会和专家委员会组成，参与企业科技项目决策和过程管理，是科技项目管理的主要技术支持机构，主要职责为：企业新技术研发方向和前瞻性布局提出指导性意见和建议；参与提出企业专业领域的中长期研发需求和重大专项项目的立项建议。参与专业领域项目的立项、检查、验收和成果鉴定等工作；科技项目成果及新技术的推广和应用提出建议。

（2）职能管理部门主要职责。

1）科技管理部门。

科技项目的归口管理部门，负责科技项目的组织、指导、协调和考核工作。其主要职责是：组织编制企业科技项目指南，确定科技项目研发主要领域和方向。公司科技项目管理办法的编制、修订和组织实施。公司年度科技项目计划的编制、下发和组织实施。负责公司科技项目的立项、实施和验收管理。科技项目管理和实施情况进行检查、指导、监督和考核。

2）人力资源管理部门。

主要职责：指导和协助企业专业研发中心进行研发人员的管理（研发人员的调动、考勤和培训管理）。

3）财务管理部门。

开展科技项目研发经费的使用和管理情况进行检查和监督；科技项目研发人员工资、奖金、社保等薪酬费用的发放；参与科技项目验收管理，提供项目验收相关财务票据和凭证；对研发经费使用合理性、归集与核算工作的规范性提出评价意见。

（3）科技项目业务执行单位主要职责。

1）专业研发中心。

根据企业专业领域划分，企业专业研发中心应是科技项目的具体实施部门，主要职责：根据专业发展的需要，提出本单位科技项目研发需求，编制上报年度科技项目立项申报意向表（见附表B-2）；组织开展本专业科技项目的立项申报、组织实施和申请验收；组织开展本专业科技项目研发成果的提炼、总结和申报。组织本专业科技项目研发经费的预算编制、使用与归集。负责本项目科技研发的资源调配。

4. 科技项目管理组织实施的流程

（1）科技立项阶段管理。

1）科技立项指南编制。

企业应每年组织各专业研发中心根据公司发展战略、科技发展规划，结合企业生产、经营发展需要编写科技项目申报指南。主要内容包括：研发领域和研发方向；研发费用投入目标和科技成果产出指标。

2）科技项目可行性研究报告编制与审查。

根据企业科技项目立项指南的要求，专业研发中心组织编制本专业科技项目查新报告（见附表B-3）、科技项目可行性研究报告（见附表B-4）、科技项目立项计划书（见附表B-5）、科技项目立项申报书（见附表B-6）、科技项目立项知识产权检索报告（见附表B-7）等立项申请需要的相关技术文件资料。企业科技管理部门组织对专业研发中心上报的科技项目立项申请资料进行形式审查。

3）科技项目立项评审。

企业根据形式审查通过的科技项目情况，组织企业内部专家委员会有关专家开展科技项目立项工作的评审工作。评审的内容要求一般如下：科技项目名称是否严谨、合理、准确；科技项目研究的主要内容或重点解决的问题，是否存在立项的必要性；

预期采用或研究形成的关键技术是否具有先进性；预期达到的目标和产出的技术成果数量、类型、名称是否合理；研发经费投入是否具有经济性、费用预算是否合理与准确。

企业科技项目评审完成后，报送企业技术中心委员会主任审批执行。

（2）科技项目研发实施阶段管理。

企业专业研发中心根据科技项目研发任务书（见附表 B-9）组织研发工作实施。企业科技项目研发实施前，一般应组织召开启动会议，及时编写科技项目启动报告书（见附表 B-10），细化研究内容，明确人员分工和仪器设备资源配置计划，强调过程控制重点和节点完成目标等内容。

企业专业研发中心应掌握研发工作进展情况，及时检查并督促研发工作开展，定期向企业科技管理部门报送科技项目执行情况（见附表 B-11）及科技项目实施过程知识产权检索情况（见附表 B-12）。

企业科技项目需委托外部单位承担研发任务时，专业研发中心应根据研究内容的需求选择外委单位，根据企业合同管理规定签订委托研发合作协议。

企业科技项目管理的相关职能部门应不定期对科技项目研发实施情况进行检查，研发过程中如发生变化，及时填写应急立项科技项目申请表（见附表 B-8），主要包括：科技项目实施过程中各类会议记录、阶段性成果（专利、论文等）证明材料、研发经费的投入使用材料等相关资料。

（3）科技项目结项验收阶段管理。

1）科技项目结项验收申请

企业专业研发中心在科技项目完成后及时组织内部自验收，对项目的研发任务、技术成果、知识产权、经费使用、验收资料等进行整理、总结和评价，并根据自验收情况对相关资料进一步补充、修改和完善。自验收完成后及时向企业科技管理部门提出验收申请。

科技项目验收申请资料一般应包括：科技项目验收（鉴定）申请表（见附表 B-16）、科技项目研究成果报告（见附表 B-17）、科技项目经费决算表（见附表 B-18）。科技项目验收技术资料一般包括：技术方案、影像资料、检验检测报告、设备及装置的型式试验报告或测试报告、工程应用证明、规范或标准及相应的编制说明等。

2）科技项目验收评审

企业科技管理部门根据专业研发中心验收资料的提交情况，结合资料形式审查完善情况，定期组织科技项目的结项验收评审工作。科技项目验收一般采取会议集中评价的形式开展，科技项目验收完成后，专业研发中心统一填写科技项目验收意见书（见附表 B-19）、科技项目年（季）验收报告（见附表 B-20）。科技项目验收结论一般分为：通过验收、重新审议和不通过验收。

通过验收：专业研发中心完成科技项目立项申报书中规定的研发任务，成果产出达到预期目标，经费使用合理。

重新审议：根据验收资料难以判断科技项目目标任务完成情况，或目标任务完成不够、原因暂时分析不清等而导致专家意见争议较大的情况。

不通过验收：科技项目验收资料不真实。科技项目主要的研究任务和成果产出目标未完成。科技项目研究内容、目标、技术路线等进行较大变更或调整。科技项目研究过程及结果存在纠纷尚未解决。

（4）科技项目延期及终止。

企业专业研发中心所承担的科技项目在执行过程中出现重大事项（涉及依托工程变更、研发时间调整、预期产出成果有较大变化等情况）的应及时向内部科技主管部门申请报告，并填写科技项目调整申请表（见附表 B-13）。

科技项目执行过程中，因外部不可抗力等原因造成科技项目研究内容无法执行的情况，承担科技项目研发任务的企业专业研发中心应对已经完成的科技项目研究内容进行总结，编制科技项目终止申请表（见附表 B-14）和科技项目总结报告（见附表 B-15）报送企业科技管理部门申请科技项目的终止执行。

5. 科技项目管理相关办法要求

企业技术中心运行的科技项目应符合企业中长期科技发展规划中的相关要求，研究的内容应具有创新性和前瞻性特点，应符合国家、省市科技发展计划重点支持项目，符合国家规划中创新驱动和"走出去"的战略部署要求，预期在行业导向、经济发展、社会效益等方面起到推动主导的作用。当前，国家主要的科技项目管理办法和政策有：《国家科技计划管理暂行规定》《国家科技计划项目管理暂行办法》《中央财政科技计划（专项、基金等）项目管理专业机构管理暂行规定》《国务院关于改进加强中央财政科研项目和资金管理的若干意见》《国家重点研发计划管理暂行办法》《教育部科学技术研究项目管理办法》等。

二、 企业技术中心运行科技成果管理

1. 科技成果的基本定义和特点

一般地讲，科技成果是指人们在认识新事物、发现新技术或者技术改造活动中，经过实验研究、创新改造、技术研制过程后等所得到的且经过评审，具有一定学术意义或实用价值的创造性、实用性。它包括发明、发现、技术进步以及技术改造方面的内容。科技项目研发是一个生产知识"产品""技术"的过程。这些"产品""技术"主要就是科技成果，但并不等于全部的"产品""技术"都是科技成果，需要对科技成果的范畴进行界定。

按照国家科委《关于科学技术研究成果管理的规定》（以下简称《规定》）精神，科技成果必须同时具备新颖性、先进性和实用价值（或学术意义）三个特点，缺一不可。

（1）新颖性。科技成果在发现新技术、阐明技术等方面，应有新的内容和见解；对已知原理技术的应用，应是开拓新的领域或在技术发展中的新的突破等。科技成果的新颖性就新在它是同类科技领域内为前所没有的或者经过创新后没有被公知公用、应用较少的东西。对于新颖性来说，如果是全世界所没有，叫作绝对新颖性或世界新颖性。只是在一个国家没有的叫作国内新颖性或有限新颖性、地域新颖性。

（2）先进性。先进性是指科技成果的技术水平或学术水平必须是先进的。确定一

项科技成果是否具有先进性，需用该项成果与此前的同类成果的学术水平或技术水平进行比较。证明该项成果具有突出的特点和明显的进步。新的科技成果必然是来源于现有的科技成果，而又将高于现有的科技成果。评定一项技术成果是否具有技术先进性，主要从以下三个方面来进行：技术原理的进步、技术构成的进步、技术效果的进步。

先进性的评定是采用比较的方法。需要注意的是用来进行参比的成果应该是相类似的最新、最优的科技成果。要注意全面的、整体的进行技术对比，而不能仅就单项指标进行比较，以便得出整体的全面的评价结论。

（3）实用价值。科技成果的实用价值包括经济价值和社会价值（或学术意义）。实用价值是指科技成果可以在国民经济或行业发展上得到应用，可获得显著的经济或社会效果，或者在科学上具有一定的学术意义。

科技成果的实用价值必须在具备以下条件时才能实现：符合科学规律，在相同条件下应能重复出现，即科技成果应具有重演性，才有实用价值；目前科学技术发展水平的限制，科技成果暂时还不能实施，这些成果所具有的潜在实用价值，也应该予以承认。满足社会需要，科技成果必须能一定程度上指导科学技术的发展，或在经济社会发展中发挥作用，产生一定效益。科技成果在产生效益的同时，如果具有危害性或破坏性，此类成果应用中使社会难以受益或者达到受害的程度，比如会造成环境污染、生态系统的破坏等，成果即使再新颖、再先进，也没有实际意义。

2. 科技成果的一般分类

科技成果分类大致分为：理论研究成果、应用技术成果、科技管理成果。目前企业科技项目研发过程中所形成的科技成果的种类主要包含：标准、专利、论文与著作、关键技术、工法、科技进步奖等。

（1）标准：标准是科学、技术和实践经验的总结。为在一定的范围内获得最佳秩序，对实际的或潜在的问题制定共同的和重复使用的规则的活动，即制定、发布及实施标准的过程。

（2）论文与著作：论文是指进行各个学术领域的研究和描述学术研究成果的文章，简称为论文。著作是指专门针对某一问题进行的深入研究，具有较高学术水平和一定的创造性的专著。

（3）专利：是受法律规范保护的发明创造，它是指一项发明创造向国家审批机关提出专利申请，经依法审查合格后向专利申请人授予的在规定的时间内对该项发明创造享有的专有权。

（4）关键技术：指在一个系统或者一个环节或一项技术领域中起到重要作用且不可或缺的环节或技术，可以是技术点，也可以是对某个领域起到至关重要作用的知识。

（5）工法：是指以工程为对象，工艺为核心，运用系统工程的原理，把先进的技术和科学管理结合起来，经过工程实践形成的综合配套的施工方法。它必须具有先进、适用和保证工程质量与安全、环保、提高施工效率、降低工程成本等特点。

（6）科技进步奖：针对科学技术进步做出重要贡献的集体和个人给予的一种奖励。

3. 科技成果管理组织职责和工作流程

（1）职能管理部门主要职责。

1）科技与工程管理部门。

企业科技与工程管理部门是科技成果的牵头部门，总体负责企业各类科技成果的管理工作，主要职责如下：组织制定企业年度科技成果的产出策划；组织制定企业年度科技成果的产出计划；组织对企业专业研发中心提交的科技成果申报资料进行审核；组织公司级科技成果的评审工作；组织外部专家对公司科技成果进行提炼指导和外部评审；组织各专业研发中心具体实施科技成果的对外申报工作；组织科技成果外部转化的实施工作；组织收集标准外部申报信息，开展标准的内部评审和外部申报工作。

2）商务与合同管理部门。

科技成果转化合同的审查工作；组织科技成果转化合同模板的编制和修订工作。

（2）科技成果业务执行单位主要职责。

企业各专业研发中心是科技成果的产出实施部门，按照科技项目研发实施的情况，组织科技成果的提炼、总结以及各项对内对外申报资料的收集、整理和编制工作。

根据企业科技成果产出策划，制定专业研发中心年度科技成果产出计划；组织科技成果产出过程资料（技术方案、影像资料、设计资料等）的收集整理工作；根据企业科技成果评价工作要求，组织科技成果内外部评价（鉴定）资料的编制和审核工作；组织科技成果对外申报时资料的编制工作。组织科技成果产出过程中各项资源的调配和协调。

（3）科技成果业务管理流程和要求。

1）科技成果产出策划与计划管理。

根据企业年度科技研发计划的需要，企业科技与工程管理部门按照年度科技工作计划指标，制定年度科技成果产出策划方案。根据年度科技成果产出策划方案，结合科技项目立项和研发实施计划，企业科技与工程管理部门组织制定年度科技成果产出目标和指标，企业各专业研发中心根据企业年度科技成果产出指标和目标，结合本专业研发中心科技项目研发实施情况，制定专业研发中心科技成果产出指标和目标。

2）科技成果的申报和评审管理。

目前企业科技项目研发过程中所形成的科技成果的种类主要包含：标准、专利、论文与著作、关键技术、工法、科技进步奖等，针对不同类别科技成果，管理流程有不同要求，一般如下：

a. 标准管理。

企业专业研发中心根据年度科技成果产出计划，结合科技项目研发实施情况，组织编制可形成团体标准、行业标准或国家级标准的申报材料；企业科技与工程管理部门组织对标准申报材料进行评审和对外申报。

企业科技与工程管理部门负责与协（学）会等标准编修组织单位的对接联系，根据企业技术成果产出情况和企业级技术标准应用情况，承接团体、行业或国家级标准的编修任务，并分解至对应的专业研发中心或相关职能部室进行编制和申报。

63

　　b. 论文管理。

　　企业各专业研发中心和职能部室按照年度科技成果产出计划要求，结合本专业实施的科技项目，组织本专业技术论文的编制工作，提交企业科技与工程管理部门审查。论文编制或发表前，对有可能形成专利技术的内容，要优先申报专利技术保护。

　　企业科技与工程管理部门组织对各单位上报的技术论文进行评审，评审通过的论文可推荐对外发表，发表渠道由论文编写单位和编写人员自主确定。企业内刊发表的论文，由科技与工程管理部门组织投稿。外发其他期刊的论文，由编写单位和人员自主投稿。

　　c. 工法管理。

　　企业各研发中心根据年度科技成果产出计划，组织开展工法选题和企业级工法申报表编制（见附表B-21），并上报企业科技与工程管理部门组织审查。工法选题及文本编制要求如下：

　　工法选题要求：工法的选题应明晰并具有创新性，必须先进、适用，具有较强的系统性、科学性和实用性。工法名称能概括工法内容，用语准确、规范，反映出工法特色，必要时冠以限制词。

　　工法文本编制要求：包括前言、工法特点、适用范围、工艺原理、施工工艺流程及操作要点、材料与设备、质量控制、安全措施、环保措施、效益分析和应用实例11项内容。工法题目层次要求包含工法名称、完成单位名称、主要完成人等。工法内容应全面，结构层次分明，文字简练规范，数据准确，可操作性强，符合国家产业政策和技术政策，技术先进适用，具有推广价值，其深度应满足指导工程施工与现场管理的需要。

　　根据国家对工法编制内容及评审规定的要求，企业科技与工程管理部门组织对各专业研发中心提交的工法进行审查，并公布通过内部评审的工法清单和企业级工法评审表（见附表B-22）。同时，按照省（部）级、集团级工法申报规定和要求，组织优秀工法参与评审活动，各专业研发中心组织材料的编制。

　　工法评审主要内容：工法的正确性、关键技术先进性、成熟可靠性、工艺原理科学性、工艺流程合理性、应用广泛性、节能减排合规性、文本结构逻辑性、经济效益和社会效益等内容。

　　d. 科技成果奖项管理。

　　企业各专业研发中心应根据科技项目研发实施的执行情况，及时做好科技项目研发过程中成果的提炼和总结，过程实施资料的收集和整理工作，按照本专业科技成果产出计划，组织科技奖项申报材料的编制。科技奖项主要的申报材料要求如下：科技进步奖申报书（见附表B-23）；科技成果奖项相关的附件证明材料。科技奖项相关的知识产权和标准规范等证明。工程应用证明情况（见附表B-24）。

　　企业科技与工程管理部门组织开展科技进步奖的对外申报，负责与评审单位的接口联系，跟踪评审进展状态，及时公示和发布评审结果。

　　e. 关键技术成果评价管理。

　　企业各专业研发中心根据年度科技成果产出计划，组织编制关键技术成果评价材料，并向企业科技与工程管理部提出开展关键技术成果评价的申请。《关键技术成果评价申请表》（见附表 B-25）。

　　企业科技与工程管理部门负责内外部关键技术成果评价工作的组织和实施；根据企业内部关键技术成果内部评价的情况，组织开展关键技术成果外部评价工作。通过评价的关键技术成果由科技与管理部门对《科学技术成果评价证书》进行留存并登记。有关资料按档案管理部门的规定归档。

　　3）科技成果的转化与推广应用管理。

　　企业科技与工程管理部根据年度成果产出情况，借助外部成果共享平台及时发布成果信息。根据外部科技成果需求信息情况，组织各专业研发中心开展成果外部转化与推广应用。各专业研发中心同需求单位达成科技成果转化意向后，科技与工程管理部门组织签订成果转化合同。成果转化合同须由企业科技与工程管理部门和商务合同部门共同审核。

第二章

高新技术企业运行

→ **第一节　高新技术企业概述**

一、概念和定义

高新技术企业是指在《国家重点支持的高新技术领域》内，持续进行研究开发与技术成果转化，形成企业核心自主知识产权，并以此为基础开展经营活动，在中国境内（不包括港、澳、台地区）注册一年以上的居民企业，是知识密集、技术密集的经济实体。

二、高新技术企业认定的意义和作用

高新技术企业可享受企业所得税优惠（由 25％降至 15％）；体现企业科技创新能力，提升知名度和品牌影响力，提高市场竞争能力；是企业转型升级的标志（由传统劳务管理型企业转为高技术服务型企业）；有利于推动企业享受研发费用加计扣除税收优惠政策；满足集团企业科技考核需要；有利于加强与政府对接，获得科技政策扶持。

三、高新技术企业认定的领域

高新技术企业认定有八大领域，电子信息技术、生物与新医药技术、航空航天技术、新材料技术、高技术服务业、新能源及节能技术、资源与环境技术、高新技术改造传统产业等。电力行业根据领域划分，一般选定高技术服务业、新能源与节能技术或高新技术改造传统产业等领域。

→ **第二节　高新技术企业认定**

一、高新技术企业认定依据

《高新技术企业认定管理办法》《高新技术企业认定工作指引》及其附件《国家重点支持的高新技术领域》规定。

二、高新技术企业申报条件

认定为高新技术企业须同时满足以下 8 个条件，企业申请认定时须注册成立一年以上；所从事的业务领域的关键技术有知识产权所有权；企业主要产品（服务）属于《国家重点支持的高新技术领域》规定的范围；从事研发人员占职工总数的比例不低于

10%；研究投入总额占销售收入总额的比例不低于3％；高新（服务）收入占总收入的比例不低于60％；企业创新能力评价应达到相应要求；未发生重大安全、质量或严重环境违法行为。

三、　高新技术企业认定的组织管理和职责分工

高新技术企业认定由省级科技主管部门、财政部门和税务部门组织认定。企业科技部门牵头负责、总体协调，企业财务部门、人事部门、商务部门、物资部门及分公司、项目部共同参与，协同合作完成高新技术企业认定。

（1）科技部门或负责科技的工程技术部门。

1）组织整理高新技术企业认定前三个年度的知识产权，建立专利清单库并分析剔除上次认定已使用的专利，提供相应的扫描件，提供反应技术水平的高新技术收入专利对应证明材料、缴费证明和相关未重复使用声明。

2）组织整理近三年的科研项目（RD）清单，出具科研项目立项批文、立项报告、结题/验收、变更资料；组织编制包含"核心技术及创新点"的所有RD表，标明该研发项目所属技术领域及关键技术。

3）组织整理企业近三年主持或参与国家、行业标准及汇总表。

4）组织编制近三年科技成果转化情况表及转化说明。

5）负责提供研究开发组织管理总体情况与四项指标符合情况的具体说明，提供产学研合作协议；相关管理制度、科技成果转化的组织实施与激励奖励制度。

6）负责提供科技查新和成果鉴定的相关资料、国家级、省部级工法的相关资料、外部科研立项的相关资料、行业及以上科技获奖的相关资料；梳理企业的各类资质证书（工程资质、认证体系证书）及工程类获奖证书。

7）牵头收集企业相关的研发平台、荣誉证书、认证认可和资质证书、产品质量检验报告等材料。

（2）人事部门。

负责提供企业当年职工总数、科技人员数（均按照全年月平均数计算）及相关证明材料。负责提供认定当年度包含人员结构的人力资源总体情况表、情况说明。负责编制当年度科技人员汇总表，提供当年度科技人员社保证明和认定资料申报前一个月的科技人员社保证明。负责提供科技人员的培养进修管理制度、职工技能培训管理制度、优秀人才引进管理制度和人才绩效评价奖励制度等。

（3）财务部门。

负责对近三年度的研发费用及高新收入账务核算进行审核，负责提供近三年度各研发项目的研发费用辅助余额表及辅助明细账；负责提供近三年度各高新收入类别的高新收入辅助余额表及辅助明细账；负责编制近三年度研发费用、高新收入汇总表；负责准备备查账簿和待查项目部。负责出具经具有资质的（提供证明）中介机构鉴证的企业近三个会计年度的财务会计报告、企业所得税年度纳税申报表，提供近三个会记年度研究开发费用和当年度高新技术产品（服务）收入专项审计或鉴证报告、研究开发活动说明材料。负责提供研发投入和高新收入核算体系和相关明细账。

（4）商务部门。

负责提供高新收入划分占比表，配合完成科技成果转化的支撑性证明和高新收入的支撑性证据。负责编制高新技术产品（服务）情况表（即 PS 表），填写"关键技术及主要技术指标"，标明所属技术领域等。

（5）子分公司及相关部门。

配合做好高新技术企业认定相关基础工作和准备工作。

四、 高新技术企业认定工作流程

高新技术企业认定的主要流程有自我评价、注册登记、提交材料、专家评审、认定报备、公示、备案、公告、颁发证书等多个环节。企业登录"高新技术企业认定管理工作网"（网址：www. innocom gov. cn），按要求填写（企业注册登记表），并通过网络系统提交至认定机构。认定机构核对企业注册信息，在网络系统上确认激活后，企业可以开展后续申报工作。

五、 高新技术企业认定申请材料清单

企业登录"高新技术企业认定管理工作网"，按要求填写《高新技术企业认定申请书》，通过网络系统提交至认定机构，并向认定机构提交下列书面材料：

（1）《高新技术企业认定申请书》（在线打印并签名、加盖企业公章）。

（2）证明企业依法成立的〈营业执照〉等相关注册登记证件的复印件。

（3）知识产权相关材料（知识产权证书及反映技术水平的证明材料、参与制定标准情况等）、科研项目立项证明（已验收或结题项目需附验收或结题报告）、科技成果转化（总体情况与转化形式、应用成效的逐项说明）、研究开发组织管理（总体情况与四项指标符合情况的具体说明）等相关材料。

（4）企业高新技术产品（服务）的关键技术和技术指标的具体说明，相关的生产批文、认证认可和资质证书、产品质量检验报告等材料。

（5）企业职工和科技人员情况说明材料，包括在职、兼职和临时聘用人员的人数、人员学历结构、科技人员名单及其工作岗位等。

（6）经具有资质并符合《高新技术企业认定工作指引》相关条件的中介机构出具的企业近三个会计年度研究开发费用、近一个会计年度高新技术产品（服务）收入专项审计或鉴证报告，并附研究开发活动说明材料。

（7）经具有资质的中介机构鉴证的企业近三个会计年度的财务会计报告（包括会计报表、计报表附注和财务情况说明书）。

（8）近三个会计年度企业所得税年度纳税申报表（包括主表及附表）。对涉密企业，须将申请认定高新技术企业的申报材料做脱密处理，确保涉密信息安全。

六、 高新技术企业认定得分要求

企业创新能力主要从知识产权、科技成果转化能力、研究开发组织管理水平、企业成长性等四项指标进行评价。各级指标均按整数打分，满分为 100 分，综合得分达到70 分以上（不含 70 分）为符合认定要求。

→ 第三节　高新技术企业运行管理

一、 高新技术企业运行的主要任务和目标

高新技术企业是企业整体实力和水平的标准，高新技术企业规范运行是通过高新技术企业重新认定的基础。高新技术企业运行包括科技项目管理、成果和知识产权管理，人才、物资、资产、经费、收入等全面企业管理内容。本章高新技术企业运行管理重点是介绍研发费用和高新收入的归集核算工作。

高新技术企业运行就是通过科技创新形成具有核心竞争力的技术成果，通过技术成果转化和应用创造收入，推进企业实现可持续健康发展，是高新技术企业运行的主要目的和作用。重点做好两方面工作，一是做好研发费用和高新技术服务收入的归集与核算；二是组织申报研发费用加计扣除和高新技术企业税收减免和优惠。

二、 高新技术企业运行相关政策法规

《中华人民共和国企业所得税法》、《财政部　国家税务总局　科技部关于完善研究开发费用税前加计扣除政策的通知》（财税〔2015〕119号）、《国家税务总局关于企业研发费用税前加计扣除政策有关问题的公告》（国家税务总局公告2015年第97号）、《国家税务总局关于研发费用税前加计扣除政策有关问题的公告》（国家税务总局公告2017年第40号）、《科技部　财政部　国家税务总局关于进一步做好企业研发费用加计扣除政策落实工作的通知》（国科发政〔2017〕211号）、《关于加强企业研发费用税前加计扣除政策贯彻落实工作的通知》（税总发〔2017〕106号）、国家税务总局关于发布修订后的《企业所得税优惠政策事项办理办法》的公告（国家税务总局公告2018年第23号）、《关于企业委托境外研究开发费用税前加计扣除有关政策问题的通知》（财税（2018）64号）。

三、 高新技术企业运行组织管理

高新技术企业运行机构职责划分：

（1）科技部门或负责科技的工程技术部门。

科技部门或负责科技的工程技术部门是高新技术企业运行的牵头组织和管理部门。负责确定年度研发费用预算总额并分解至各所辖分公司和项目部和研发工程项目部。负责提供研发人员资质条件、审核确认研发人员数据库信息；组织开展研发费用归集工作，确定费用归集具体方案。负责审核研发人工费、材料费、设备费和其他费用的合理性，协调解决费用归集过程中存在的困难和问题。负责确定企业高新技术服务收入项目，编制年度高新技术服务收入预算总额；对高新技术服务收入归集过程进行指导、监督和检查。

（2）财务管理部门。

财务管理部门是研发费用和高新技术收入入账核算的主责部门。负责设置研发支出会计科目，组织开展研发费用入账及核算工作。负责研发费用加计扣除税收减免和高新技术企业税收优惠申报资料的准备、上报和相关财务、税务资料的申报与备案。负责对归集入账前的各项研发费用资料进行审查和确认，提出完善或修改意见；负责按月度提供企业研发机械折旧费清单。负责高新技术服务收入的入账和核算管理。

（3）人力资源管理部门。

人力资源管理部门是研发人员管理和研发人工费归集管理的主责部门。负责研发人员的调配管理和研发人员的信息数据库管理。负责研发费人工费的制单、发放和统计。负责研发人工费的建账和向财务部门的移交管理。

（4）商务管理部门。

商务管理部门是高新技术收入归集工作的主责管理部门。负责确定企业及各所辖分公司和项目部的年度收入计划，为确定研发费用预算额和开展归集核算工作提供依据。负责将年度高新技术服务收入预算总额分解至各单位和具体的高新技术服务收入项目。负责组织各单位按管理程序要求开展高新技术服务收入归集工作。负责企业技术服务合同的管理。

（5）设备物资管理部门。

设备物资管理部门是研发材料费归集工作的主责管理部门。负责研发材料的采购、仓库保管、领用发放和废料处理等管理工作。负责整理和汇总研发材料领料单、发票等相关票据、凭证并进行研发领料信息统计与汇总，提交财务部门入账。负责监督检查所辖分公司和项目部研发领料工作的规范性、合理性。

（6）各专业分公司。

各专业分公司是本单位研发费用和高新技术服务收入归集工作的具体实施部门。负责根据年度预算指标细化各研发项目的研发费用预算。负责本单位研发费用归集工作的具体实施。负责高新技术服务收入项目支持性成果的对应和分解。负责本单位高新技术服务收入归集工作的实施。

（7）工程项目部。

负责本项目研发费用和高新技术服务收入归集与核算工作的组织实施、监督和检查。

四、研发费用管理

1. 研发费用的定义及分类

研发费用是指根据科技创新发展需要研究与开发某项目所支付的费用。根据企业费用的科目和种类，企业研发费用主要分为以下四类。

（1）研发人工费：是指研发人员的工资薪金和各类保险、福利费用，以及外聘研发人员的劳务费用等。

（2）研发材料费：是指研发活动所产生的各项材料费用，包括直接消耗的材料、燃料和动力费用；用于中间试验和产品试制的模具、工艺装备开发及制造费用。

（3）研发设备费：是指用于研发活动的仪器、设备的折旧及租赁费用。

（4）其他费用：是指与研发活动相关的上述之外的费用，包括图书资料费、资料翻译费、专家咨询费；研发成果的检索、论证、评审、鉴定、验收费用；知识产权的申请费、注册费、代理费；研发人员会务费、差旅费、通信费；新产品和新工艺的开发设计费；外委研发费用等。

2. 研发费用预算管理流程和工作要求

研发费用预算是科技项目管理和费用归集核算的纲领，可以指导企业按照计划有序开展科技创新并提供可靠的资金保障，是合理扎实的归集研发费用提供保证。

（1）科技部门负责根据商务部门提供的企业和各所辖分公司和项目部的年度经营成本预算计划（见附表 C-1），确定年度研发费用预算总额，并分解至各所辖分公司和项目部。

（2）各所辖分公司和项目部根据承担的科技项目研发任务，结合研发项目依托工程进展情况，将研发费用预算指标按不同费用类别（人工费、材料费、设备费、其他费）分解至具体的科技项目，形成企业科技项目研发费用预算明细表，上报科技部门审核，经企业批准后下发执行。

（3）科技部门负责根据企业年度收入预算调整情况和科技项目调整变化情况，适时调整年度研发预算费用总额，一般半年调整一次，并按上述流程分解下发后执行。

3. 研发费用归集核算管理

（1）人工费归集核算。

1）研发人员条件。

研发人员是指直接从事研发和相关技术创新活动，以及专门从事上述活动的管理和提供直接技术服务的人员，包括在职、兼职和临时聘用人员；研发人员的年度累计实际工作时间应达到 183 天以上。

企业研发人员按以下要求确定：工资关系须是"×××有限公司"（其他独立法人资格的子企业人员不包含）；本年度所从事研发工作保证在 183 天以上；所学专业应为理工类专业（财会、物资、经营管理类人员不包含）；项目经理、总工以及项目部其他有工程管理和工程结算等签字权的人员不包含；党政工团人员不包含（如党群、物业等人员）。

2）研发人工费归集与核算流程。

科技部门负责按省级企业技术中心和高新技术企业认定管理办法的规定向人事部门提供满足科技研发的人员资质条件；人力资源部门根据研发人员资质条件建立企业科技研发人员信息库，经审核后分发至科技部门，科技部门负责审查研发人员信息库相关数据和信息的准确性、合理性（见附表 C-3）；各所辖分公司和项目部根据承担的科技项目，从研发人员信息库中挑选满足要求的研发人员，形成本单位的研发人员明细表，并上报科技部门进行审核确认后提供给人事部门，由人力资源部门负责对本年度开展科技研发的人员信息进行登记或更新，形成统计表（见附表 C-2）；人力资源部门在发放研发人员薪酬时应单独制单，并将薪酬明细表纸版和电子版资料交财务部门入账核算，电子版资料同时发科技部门备案；财务部门进行研发人工费入账核算时，应将每一位研发人员的费用对应至具体的研发项目；当研发人员进行调整和更新时，各单位应及时将调整和更新后的研发人员明细表按月度上报人事部门和科技部门，并按照以上核算流程进行研发人员人工费归集与核算。

（2）材料费归集核算。

1）研发领料的基本要求。

研发材料领料必须填写规定格式的纸质或电子版科技项目研发材料领料单。

研发材料领料单填写时，科技项目编号和科技项目名称内容应准确无误；领料部门应填写×××工程企业研发中心；领料人应是承担科技项目的研发人员；领取的研发材料应与研发项目相匹配。

2）研发材料费归集核算流程。

科技部门负责确定年度研发费用预算总指标和研发材料费指标，各专业研发中心负责将研发材料费预算指标分解到具体的研发项目；各所辖分公司和项目部负责项目研发材料预算费用的分解，并对应至具体的科技项目。各所辖分公司和项目部根据分解的研发材料预算费用指标和研发所需材料消耗情况进行研发材料领料，研发领料时应填写研发材料领料单或在企业一体化办公平台中提报《科研项目研发材料领料单》（见附表C-4）；每月定期将真实有效的研发材料领料单，打印签字后提交给项目部物资管理部门；项目部物资管理部门根据科研项目研发材料领料单，每月进行汇总并按格式填写《科研项目研发材料费用明细单》（见附表C-5）报送科技部门，每月定期提交财务部门入账；财务部门根据物资管理部门提供的科研项目研发材料领料单及上述明细表，将研发材料费用对应至科研项目入账核算。

3）研发材料费的冲减。

为合理体现研发材料使用的真实性，钢材一类材料使用过程中，产生的废料处理所得的收益应列入财务账户对应科目，冲减研发费用。

4）材料费用的调整流程。

需用部门根据挑选出来的研发材料明细表，做科技项目领料单；需用部门根据挑选出来的研发材料明细表，对相关材料进行退库操作，退库时填写物资领用单（退库单）。

科技项目领料单和退库单的电子版做好之后，报科技部门物资管理人员审核；核无误后，需用部门将科技项目领料单和退库单各打印一份，交由专业工程师/部门负责人核对签字。（注：科技项目领料单的领料人是研发人员）。

需用部门将确认有效完整的退库单和研发费用领料单交由项目部物资供应部门人员核对签字后，提交财务，财务人员将退库单作为调整凭证的附件使用。将科技项目领料单作为调整后的研发支出—材料费凭证的附件使用，形成研发材料费用汇总表（见附表C-6）。

（3）机械费归集核算。

1）研发机械费的构成。

研发机械费属于研发费用中直接投入费用的范畴，主要包括：

研发机械折旧费：是指研究开发活动的仪器、设备和在用建筑物的折旧费。

研发机械租赁费：是指通过租赁机械方式用于研发活动而产生的租赁费。

2）研发机械折旧费和租赁费的管理要求。

研发机械费用统计和核算时应分解至对应的研发项目，多个研发项目使用同一台研发设备时，研发费用应按比例分解至对应项目。用于研发活动的仪器设备同时用于非研发活动时，使用单位应对其仪器设备使用情况做必要记录，并按工时占比等方法合理分配研发费用和生产经营费用。

3）研发机械设备费归集与核算流程。

企业自有机械折旧费的归集与核算：总部财务部门负责按月将企业固定资产折旧费清单发科技部门；科技部门负责将折旧费清单发各所辖分公司和项目部，由其组织对每个研发项目所使用的机械等资产进行筛选确认后，按格式编写折旧费明细表（见附表C-7）；科技部门负责审核研发机械折旧费的合理性，重点关注和审查研发机械筛选的合理性及研发机械折旧费占折旧费总额的比例，后者一般控制在30％左右；科技部门将完成审核的机械折旧费清单提交企业总部财务部门，财务部门按对应科目入账核算。

机械租赁费用的归集与核算：机械管理部门依据项目部研发人员确定的研发用租赁设备的种类、台班数量等信息，负责编制外租研发机械费用结算单，提交项目部财务部门入账；各所辖分公司和项目部根据研发项目租赁机械使用情况，按格式每月汇总《科研项目研发租赁机械设备费使用明细表》（见附表C-8），报送项目部财务部门；项目部财务部门根据各所辖专业分公司提供的研发机械设备租赁费用明细表和对应的结算单，按对应科技项目入账核算。

（4）研发其他费归集与核算流程。

1）各所辖分公司和项目部科技项目研发产生的其他费用，在进行财务报销时，相关票据凭证报科技部门审核，由相关人员签字确认后交财务部门入账核算。

2）按照政府管理规定必须交纳的专利维护费、以企业名义对外支付的技术服务费、咨询费等相关费用，由科技部门分解至对应科研项目，上报财务部门核算入账。

3）燃料费、检验试验费、设计费、设备调试费、委托外部研发费用、无形资产摊销费用等核算入研发费用其他费。

五、　研发费用核查

（1）总部财务部门每月定期将上月研发费用入账统计数据发送科技部门相关所辖分公司和项目部，以便跟踪和核查。

（2）各所辖分公司和项目部每月定期组织召开研发费用归集工作专题会，统计分析研发费用归集进展情况并于报送给科技部门；科技部门每月召开高新技术企业规范运行工作推进会，通报研发费用归集与核算相关数据，协调解决工作中的困难和问题（见附表C-9）。

六、　高新技术服务收入管理

1. 高新技术服务收入

高新技术产品（服务）收入是指企业通过研发和相关技术创新活动，取得的产品（服务）收入与技术性收入的总和。其中，技术性收入包括：

技术转让收入：指企业技术创新成果通过技术贸易、技术转让所获得的收入。

技术服务收入：指企业利用自己的人力、物力和数据系统等为社会和本企业外的用户提供技术资料、技术咨询与市场评估、工程技术项目设计、数据处理、测试分析及其他类型的服务所获得的收入。

接受委托研究开发收入：指企业承担社会各方面委托研究开发、中间试验及新产品开发所获得的收入。

2. 高新技术服务收入考核指标

根据高新技术企业的认定领域布局高新技术企业工作，高新技术服务收入（PS收入）是指企业以技术标准、专利、工法、科技进步奖等技术成果为支撑，为目标业主提供高新技术服务所获得的收入。高新技术产品（服务）收入占企业当年总收入的比例应达到60%及以上。

3. 不宜列为高新技术收入的项目

依托工程项目结算的前期临建收入不能计入高新技术收入；未有专利等科技成果支撑的技术服务收入不能计入高新技术收入；技术服务过程中属于质量、安全等的奖励性收入不能计入高新技术收入。

4. 电力建设企业的高新技术服务收入（PS）设置原则

电力建设企业的高新技术服务收入通常根据有专利等成果支撑的主营业务收入来源的种类和科目进行设置，考虑归集核算的工作量，数量一般在10个左右。表3-2-1为高新技术服务收入（PS）项目设置情况。

表3-2-1　　　　　　　　高新技术服务收入（PS）项目设置表

PS编号	高新技术服务收入项目名称
PS01	高等级大容量发电机组建筑施工技术专业化服务收入
PS02	高等级大容量发电机组安装施工技术专业化服务收入
PS03	大容量电站安全稳定运行调试技术专业化服务收入
PS04	高等级电网工程施工成套技术专业化服务收入
PS05	大型火力发电机组检修维护技术专业化服务收入
PS06	新能源电力工程建筑安装施工技术专业化服务收入
PS07	大型核电工程建筑安装施工技术专业化服务收入
PS08	基础设施工程施工技术专业化服务收入
PS09	高等级大容量境外电站工程施工技术专业化服务收入
PS10	电力及基础设施工程设计技术收入
PS11	电力工程焊接及热处理施工技术专业化服务收入

5. 高新收入项目管理流程

梳理企业有效的标准、专利、工法、科技进步奖、关键技术、QC等科技成果，形成可用的成果项目清单。将成果清单按业务板块分工程类别拆解对应至分部分项工程项目清单，形成专利和成果对应表。根据对应情况分析现有成果对工程项目的技术支撑作用，确定可实现高新收入的细分项目。经商务部门确认形成当年高新技术服务收入项目。每年末根据企业业务板块拓展情况修订高新收入项目，以适应企业高新收入归集需要。

财务部门落实年度主营业务收入指标，确定年度高新收入预算总额。根据企业年度营业收入计划承担项目（单位）将高新收入预算指标进行分解（子企业和EPC项目的P不考虑）。审批形成年度高新收入预算表（见附表C-10），半年一次调整高新收入预算。

6. 企业配置资源项目（大项目）高新技术服务收入归集流程

（1）编制高新技术服务收入占比表。

1）工程量清单结算项目：商务部门根据确定的高新技术服务收入工程量清单细分项目，从合同工程量清单表中筛选确定高新技术服务收入项目清单，汇总至相应高新技术服务收入项目，并以合同价款为基础，计算出高新技术服务收入占合同总价的比例，形成合同的高新技术服务收入占比表（见附表C-11）。一个项目有多个合同的，逐个编制高新技术服务收入占比表，并根据财务部要求单独或合并各合同的高新技术服务收入占比表。

2）施工图预算结算项目：商务部门根据确定的高新技术服务收入工程量清单细分项目，对照业主当期确认的结算价款清单，确定对应的高新技术服务收入项目收入，并计算当期各高新技术服务收入项目收入占当期结算总收入的占比表（见附表C-11）。按照施工图预算进行结算的项目，应在跟业主结算当月编制高新技术服务收入占比表。

3）按里程碑结算项目：按里程碑节点付款的项目，商务部门依据合同承包范围及工作内容，确定里程碑节点的高新技术服务收入项目收入，并计算各高新技术服务收入项目收入占合同总价的比例，形成高新技术服务收入占比表（见附表C-11）。

4）新开工项目：应在项目合同签订后20日内编制完成高新技术服务收入占比表（见附表C-11）。

（2）高新技术服务收入占比表审核。

商务部门和科技部门对各项目部提报的高新技术服务收入占比表进行审核，并将审核意见反馈项目商务人员。

（3）高新技术服务收入入账核算。

商务部门将审核确认的高新技术服务收入占比表提交财务部门，财务部门将当月建造合同收入填入高新技术服务收入占比表，计算出各高新技术服务收入项目入账数额及高新技术服务收入总额，按高新技术服务收入项目名称计入相应财务账目，并留存表格作为入账依据。每月按照此方法进行账面核算，直至最终结算完成。

按照施工图预算进行结算的项目，应该按当月商务人员提供的高新技术服务收入占比表进行账面核算。

（4）变更高新技术服务收入占比表。

工程项目在执行过程中，存在合同总金额和工程量清单发生变化的情况，导致高新技术收入划分的依据发生了变化，原已确认的高新技术服务收入占比表与最终的合同总金额和工程量清单不一致，需要按照新的合同总金额和工程量清单重新划分高新技术服务收入占比表，从变更的当月，按照新的高新技术服务收入占比表核算高新技术服务收入：

合同整体上浮或下浮的，不用重新划分高新技术服务收入占比表，商务部门在已划分好的占比表上整体上浮或下浮。

合同部分变更，先将变更部分的工程量单独划分，商务部门再将原占比表和变更部分的占比表进行合并，计算出最终的占比表。

合同整体变更的，商务部门根据变更后的总工程量重新划分高新技术服务收入占比表。

7. 所辖分公司和项目部项目高新技术服务收入归集流程

（1）高新技术服务收入占比表编制。

商务部门根据确定的高新技术服务收入工程量清单细分项目，从合同工程量清单表中筛选确定高新技术服务收入项目清单，汇总至相应高新技术服务收入项目，并以合同价款为基础，计算出高新技术服务收入占合同总价的比例，形成各个合同的高新技术服务收入占比表（见附表 C-11）。（施工图预算结算项目和按里程碑结算项目可参照企业配置资源项目）

新开工项目应在项目合同签订后 20 日内编制完成高新技术服务收入占比表（见附表 C-11）。

（2）高新技术服务收入占比表审核。

商务部门和科技部门对各所辖分公司和项目部提报的高新技术服务收入占比表进行审核，并将审核意见反馈商务人员。

（3）高新技术服务收入入账核算。

商务部门将审核确认的高新技术服务收入占比表提交财务部门，财务部门将当月收入填入高新技术服务收入占比表，计算出各高新技术服务收入项目入账数额及高新技术服务收入总额，按高新技术服务收入项目名称计入相应财务账目，并留存表格作为入账依据。

（4）高新技术服务收入归集过程监督。

1）财务部门按月校对高新技术服务收入，将入账情况及存在问题和相应改进意见反馈商务部门和科技部门。

2）科技部门负责高新技术服务收入的对比分析，并协调、监督问题的整改。

3）科技部门对达不到比例的项目部和所辖分公司和项目部进行指导检查或通报。

➡ 第四节　高新技术企业享受的税收优惠申报

一、政策依据

依据《高新技术企业认定管理办法》认定的高新技术企业，可依照《企业所得税法》及其《实施条例》、《中华人民共和国税收征收管理法》及《中华人民共和国税收征收管理法实施细则》等有关规定，申报享受税收优惠政策。

二、 高新技术企业纳税比例

非高新技术企业按 25% 缴纳企业所得税。企业获得高新技术企业资格后，自高新技术企业证书颁发之日所在年度起享受税收优惠，按 15% 的税率缴纳企业所得税，可依照相关规定到主管税务机关办理税收优惠手续。

企业的高新技术企业资格期满当年，在通过重新认定前，其企业所得税暂按 15% 的税率预缴，在年底前仍未取得高新技术企业资格的，应按规定补缴相应期间的税款。

三、 税收优惠的主要内容

税收优惠主要包括企业所得税法规定的优惠事项，以及国务院和民族自治地方根据企业所得税法授权制定的企业所得税优惠事项。包括免税收入、减计收入、加计扣除、加速折旧、所得减免、抵扣应纳税所得额、减低税率、税额抵免等。

四、 高新技术企业享受优惠的方式

企业享受优惠事项采取"自行判别、申报享受、相关资料留存备查"的办理方式。企业应当根据经营情况以及相关税收规定自行判断是否符合优惠事项规定的条件，符合条件通过填报企业所得税纳税申报表享受税收优惠。同时，按照相关规定归集和留存相关资料备查。主要留存备查资料：

（1）高新技术企业资格证书。

（2）高新技术企业认定资料。

（3）知识产权相关材料；年度主要产品（服务）发挥核心支持作用的技术属于《国家重点支持的高新技术领域》规定范围的说明，高新技术产品（服务）及对应收入资料。

（4）年度职工和科技人员情况证明材料。

（5）当年和前两个会计年度研发费用总额及占同期销售收入比例、研发费用管理资料以及研发费用辅助账，研发费用结构明细表。

第三章

知 识 产 权 管 理

→ 第一节 知识产权的概述

一、 企业知识产权管理的类别

企业知识产权管理的类别主要有：工业产权（发明、实用新型、外观）；著作权（标准、工法、论文，其他技术类出版物）；技术秘密（施工方案、专业技术交底书和图纸，所有与技术有关的资料）；商标。

集成电路和植物新品种等知识产权并非所有企业拥有，本书不再专述。

二、 知识产权的定义

知识产权也称为"知识所属权"，指"权利人对其智力劳动所创作的成果享有的财产权利"，一般只在有限时间期内有效。

知识产权是一种新型的民事权利，属于私法、财产法，它是一种有别于财产所有权的无形财产权。知识产权法仍属于民法，是民法的特别法。民法的基本原则、制度和法律规范大多适用于知识产权，并且知识产权法中的公法规范和程序法规范都是为确认和保护知识产权这一私权服务的，不占主导地位。

1. 发明创造的定义

《专利法》中所称的发明创造是指发明、实用新型和外观设计。

2. 发明的定义

是指对产品、方法或者其改进所提出的新的技术方案。

3. 实用新型的定义

是指对产品的形状、构造或者其结合所提出的适于实用的新的技术方案。

4. 外观设计的定义

是指对产品的形状、图案或者其结合以及色彩与形状、图案的结合所做出的富有美感并适于工业应用的新设计。

5. 职务性发明

执行本单位的任务或者主要是利用本单位的物质技术条件所完成的发明创造为职务发明创造。职务发明创造申请专利的权利属于该单位；申请被批准后，该单位为专利权人。

6. 非职务性发明

申请专利的权利属于发明人或者设计人；申请被批准后，该发明人或者设计人为专利权人。利用本单位的物质技术条件所完成的发明创造，单位与发明人或者设计人订有合同，对申请专利的权利和专利权的归属做出约定的，从其约定。

7. 专利导航

是一种运用产业、技术、市场、专利等多维度大数据对特定研究对象在相关领域面临的产业、专利、技术等竞争进行结构化分析，为其实现创新发展和核心竞争力提升提供决策支撑和发展路径指引的研究方式。

(1) 专利导航的特征。

专利导航的特征包括：①基于专利与市场利益驱动之间的紧密关联，专利导航具有客观反映专利权利主体市场意图的基本作用；②基于专利与产业技术体系之间的映射关系，专利导航具有客观再现产业技术竞争格局的基本作用；③基于专利对产业技术演进过程的客观记录，专利导航具有回溯产业技术发展路径并预见未来趋势的基本作用；④基于专利文献蕴含的专利、技术、产业、国别、主体等多维信息，专利导航具有将海量多维信息进行整合关联的基本作用。

(2) 专利导航的应用。

在专利导航的具体应用上，根据研究对象的不同，专利导航可以分为面向区域层面开展的区域规划类专利导航、面向特定产业层面开展的产业规划类专利导航和面向企业和科研院所等特定创新主体开展的创新主体类专利导航三大类。

(3) 专利导航的实施流程。

专利导航的实施流程包括五个基本流程步骤：①研究对象基本状况摸查，旨在全面了解研究对象与技术创新及竞争相关的各方面的情况。②相关产业技术竞争形势分析，旨在对研究对象所涉及的产业技术领域进行专利技术竞争形势的全面梳理和分析，为专利导航分析提供推演研判的全景沙盘。③研究对象技术创新情况及定位分析，旨在将研究对象的技术研发储备、创新人才资源和专利储备等纳入产业技术竞争全景沙盘之内进行分析研判，客观准确地确定研究对象所拥有的专利技术的现状和定位，发现和识别研究对象在产业技术领域的创新发展上存在的问题和不足。④研究对象发展目标及关键要素分析，旨在结合研究对象存在的问题不足及所处产业技术领域的竞争格局，紧扣研究对象的整体发展战略，分析确定研究对象的发展目标及相应相关发展诉求的关键要素。⑤研究对象创新发展路径及方案分析，旨在为研究对象的创新发展提供发展路径和策略的导航知识。

(4) 专利导航的实施要求。

在专利导航的实施过程中，需要深度结合研究对象及其所处产业技术领域的特点，一方面，以前述五个流程过程为骨干框架，进一步有针对性地优化完善专利导航的研究思路；另一方面，对于各流程步骤的具体操作实务，需要在实际操作具体项目时，根据不同项目的不同特点，有针对性地进行操作实务细节的细化展开和优化调整。

(5) 专利推广应用。

1) 专利法对于专利推广应用的规定。

《专利法》第14条："国有企业事业单位的发明专利，对国家利益或者公共利益具有重大意义的，国务院有关主管部门和省、自治区、直辖市人民政府报经国务院批准，可以决定在批准的范围内推广应用，允许指定的单位实施，由实施单位按照国家规定向专利权人支付使用费。"

2）专利被推广应用的条件、程序。

专利被推广应用应当具备的条件包括：①在专利权人上，仅限于国有企事业单位；②在专利种类上，仅限于发明专利；③在专利的范围上，仅限于那些对国家利益或者公共利益具有重大意义的专利。

根据《专利法》第14条的规定，相关发明专利需要推广运用的，需要由国务院有关主管部门和省、自治区、直辖市人民政府报经国务院批准。未经批准，不得进行推广。

三、 企业知识产权管理的目的、 意义和作用

加强知识产权保护管理的目的是，能够保证企业的经营安全、企业研发投入的安全和提高产品市场附加值，加强知识产权保护能够提升企业在合资合作和商务谈判中的地位。

有利于调动人们从事科技研究和文艺创作的积极性，知识产权保护制度致力于保护权利人在科技领域的智力成果，只有对权利人的智力成果及其合法权利给予及时全面的保护，才能调动专业技术人员的创造主动性，促进企业资源的优化配置。

能够为企业带来巨大经济效益，增强经济实力，知识产权的专有性决定了企业只有拥有自主知识产权，才能在市场上立于不败之地，越来越多的企业开始意识到技术、品牌、商业秘密等无形财产的巨大作用，而如何让这些无形资产逐步增值，有赖于对知识产权的合理保护。

四、 高新技术企业运行对授权专利的要求

《高新技术企业认定管理办法》（2008年）中规定的核心知识产权的拥有方式：在中国境内（不含港、澳、台地区）注册的企业，近三年内通过自主研发、受让、受赠、并购等方式，或通过5年以上全球范围内独占许可的方式，对其主要产品（服务）的核心技术拥有自主知识产权。

根据《高新技术企业认定管理工作指引》，高新技术企业评审实行打分制，其中核心自主知识产权是首要指标，所占分值高达30分。一个发明专利或其他六个知识产权（比如六项实用新型专利）可以获得A档（即24～30分），企业只有总分70分以上（不含70分）才算达标。企业核心自主知识产权的数量对于企业申请高新技术企业具有举足轻重的影响。

五、 企业知识产权相关法律法规

知识产权相关法律法规主要包括：《中华人民共和国专利法》《专利法实施细则》《专利审查指南》《中华人民共和国商标法》《商标法实施条例》《中华人民共和国著作权法》《著作权法实施条例》《中华人民共和国反不正当竞争法》及《关于禁止侵犯商业秘密行为的若干规定》，GB/T 29490—2013《企业知识产权管理规范》和《知识产权认证管理办法》等。

→ **第二节　企业知识产权管理体系**

一、 知识产权体系概要

知识产权贯标的目的是为建立企业知识产权工作的规范体系，认真贯彻落实《国家知识产权战略纲要》，加强对企业知识产权工作的引导，指导和帮助企业进一步强化知识产权创造、运用、管理和保护，增强自主创新能力，实现对知识产权的科学管理和战略运用，提高国际、国内市场竞争能力。

认证分为贯标辅导阶段、贯标试运行阶段和认证阶段与通过三个阶段。

认证后每年需要监督评审 1 次，三年重新认证、换证。

目前国内最早开展知识产权体系认证工作的是中知（北京）认证公司和中规（北京）认证公司，可作为企业贯标认证的选择参考。

二、 知识产权贯标对企业的作用

《企业知识产权管理规范》（GB/T 29490—2013）作为我国首部企业知识产权管理国家标准实施贯标将作为企业知识产权工作的基础条件，是企业申报科技项目的前提。贯标有助于提升企业领导和广大职工知识产权意识，调动职工发明创造的积极性。推动企业产生具备高附加值的自主知识产权的新产品、新技术。通过自己生产销售或通过技术贸易许可转让他人，将给企业带来丰厚经济收益。提升企业无形资产价值，在企业融资上市、投资并购及企业出售等资产运作上获取更大的收益。巩固企业市场地位，通过贯彻《企业知识产权管理规范》（GB/T 29490—2013）使企业拥有的自主知识产权的产品在销售市场的地位明显增强。贯标验收合格后，可向科技主管部门申请战略推进项目、专利实施计划等项目。

三、 知识产权贯标的主要步骤

遵照《企业知识产权管理规范》（GB/T 29490—2013）的要求，同时并结合企业自身实际情况，在企业内部建立一整套的涉及研发、采购、生产、销售、宣传、合作、进出口贸易等企业各方面生产经营活动的知识产权管理流程，以强化企业在知识产权的获取、维护、运营和保护等相关活动中的管理水平，充分发挥知识产权管理在企业发展中的重要作用。

企业知识产权管理工作应当严格按照"战略导向""领导重视"和"全员参与"的三原则进行，从整个管理流程步骤而言，大致可以划分为如下八个阶段：

（1）启动及试运行。

启动阶段，即企业按照国家标准正式启动《企业知识产权管理规范》（GB/T 29490—2013）的推进工作，由企业最高管理者组织管理层召开贯标启动大会，正式启动贯标工作。所需时间 20—30 个工作日。

（2）调查诊断。

调查诊断，即由贯标小组组织调查收集企业知识产权管理的现状，包括对企业的组织构架、职能分配情况、现有知识产权信息、已有知识产权相关制度和流程管理等信息进行调查收集，总结企业知识产权管理的现状并指出企业在知识产权管理过程中存在的问题和不足，同时可给出企业建立知识产权管理体系的初步建议。所需时间 30—40 个工作日。

（3）构建体系。

构建体系，即制定企业知识产权方针、目标以及知识产权管理的整体职能架构；需要由最高管理者及企业的领导层参与讨论决定。

知识产权方针是引导企业前进的方向，制定时应当结合公司实际情况，制定出符合公司发展方向的知识产权方针。

知识产权目标，是指企业通过一定时期的知识产权工作想要取得的成绩；在制定知识产权目标时一般可分别制定出年度目标、3—5 年的近期目标和远期目标。

职能架构，成立知识产权管理部门，一般是知识产权管理办公室，设置知识产权管理岗位并配备专职知识产权管理人员并持证上岗；建立健全知识产权管理网络，明确企业各专业研发中心和职能部门的知识产权管理职责，配备专（兼职）知识产权专员，以确保在知识产权管理过程中能够职责明确。所需时间 20—30 个工作日。

（4）文件编制。

文件编制，即是按照《企业知识产权管理规范》（GB/T 29490—2013）的要求，编制符合企业实际生产活动的知识产权管理所需文件。

管理文件一般包括知识产权管理手册；知识产权管理制度、程序和知识产权管理表单等三个主要文件。

知识产权管理手册是便于全体员工阅读并获知企业知识产权管理体系内容以及企业相关知识产权管理制度的文件，对于部分管理制度可通过编制单独的制度文件对手册进行补充完善。

知识产权管理程序则是写明对知识产权的获取、维护、运营和保护等具体知识产权活动过程进行的控制，以明确相关过程中由谁来做、做什么、何时做、怎么做等具体事宜。

（5）发布和宣贯。

发布和宣贯，即是在最终制定好相关管理体系文件后，由企业最高管理者组织召开宣贯大会，以正式发布企业贯标活动，发布企业的知识产权方针、目标，任命知识产权管理者代表，颁布整套知识产权管理文件。

由知识产权职能部门向企业各部门下放知识产权管理文件，知识产权职能部门应对其余各部门进行相应的贯标指导或培训，以使各部门以及相关人员能正确理解和执行管理文件的规定。所需时间 10—20 个工作日。

（6）实施运行。

实施运行，即在文件发放和宣贯后，企业正式开始实施运行整体知识产权的管理体系。

各部门应当严格按照体系的要求进行相关的知识产权活动，填写并保留相应的记录表单以形成知识产权活动记录。

在实施运行过程中，各部门可以收集运行过程中所遇到的问题以及对体系的建议，为后续对体系进行不断的改进和完善，以更加符合企业自身实际情况。所需时间 3—6 个月。

（7）内部评审。

内部评审，即企业应在知识产权管理体系实施运行一段时间后，通常为不少于 3 个月后，自行组织对企业内部各部门运行情况的评审。通过内部评审以发现在实际运行过程中出现的不符合情况，以针对不符合情况及时纠正或者提出改进建议，使知识产权管理体系能够不断完善，更加符合企业实际生产活动。所需时间 15—20 个工作日。

（8）管理评审。

管理评审，即由企业最高管理者组织召开就企业知识产权管理体系的有效性、适宜性、充分性以及针对方针的贯彻情况，目标的完成情况等进行管理评审。管理评审过程中可针对知识产权管理体系的整体情况提出修订意见。所需时间 3—5 个工作日。

上述八个阶段的贯标工作程序，大致用时为 6—12 个月；经过各阶段的工程程序后，企业基本已经完成一个标准的 P-D-C-A 循环，基本已经形成了一套涉及企业研发、采购、生产、销售、宣传、合作、进出口贸易等各个经营活动的知识产权管理体系，各个部门基本了解了本部门的知识产权工作内容；后续只需要持续按照体系要求执行知识产权活动并对体系进行不断地修改完善，即可逐渐地提高和规范企业的知识产权管理能力，使得企业在知识产权的获取、维护、运营和保护等活动中的管理也更加高效。

→ 第三节　企业知识产权运行管理

一、企业知识产权管理模式

目前，国内企业知识产权管理主要有三种模式。

1. 集团企业管理模式

企业集团多为产业发展多元化且具有一定规模的大型企业。针对该类企业知识产权保护客体的广泛性、复杂性，企业集团应建立一套完整的知识产权管理体系与之相适应。

首先，在集团总部成立独立的知识产权办公室，由集团副总经理亲自挂帅，全权负责企业知识产权方面各项事务。委员会由科技管理部门、体系管理部门、法律顾问、各专业研发中心负责人组成，独立行使如下职能：

结合企业特点制订企业知识产权的经营方针策略及规划；指导集团产业块以及各有关部门建立健全知识产权的各项规章制度；监督各项规章制度的实施；对违反各项规章制度的行为与个人提起法律诉讼或通过非法律手段进行处理；组织职工，特别是高级管理人员及技术研究开发人员进行系统的知识产权教育培训；协调部门之间、产业块之间的知识产权事务；督促集团各产业块及时对已具备条件的专利、商标、版权等进行申请、注册的保护工作。

2. 产业单一的中型企业管理模式

产业单一、规模不大的中型企业，亦应建立独立的知识产权部，作为董事会的智囊团，直接由企业董事会领导，该部由主管技术与法律事务的副总经理负责，下设技术室、商标室、法律室、信息室。各室负责人作为联络员由副总经理定期召集开会，研究、协调各职能部门的工作，以及制订企业知识产权的产业策略、经营方针，从而开成一种网络型的管理模式。各职能部门对总经理负责具体履行下列职责：

确定企业知识产权保护对象；制订企业各项知识产权管理制度，并负责监督实施；实施企业知识产权产业策略，实现企业知识产权效益最大化；开展职工知识产权教育培训，提高企业职员知识产权的保护意识；建立知识产权侵权监控网络，防止企业侵犯他人知识产权。

3. 小型高新技术企业管理模式

小型高新技术企业一般具有规模小、技术含量高、机构精简的特点，对知识产权管理机构的设置宜采取点面结合型管理模式，即选择重点，协调全面。无须质疑，科学技术的此类企业的生命，其重要性固然居各部门的首位，因此，知识产权管理部门不独立设置，而与本企业的总工程师办公室或者科技管理部门相结合。设置专职人员，专司专利、商业秘密、商标、计算机软件等知识产权的登记管理工作，并直接由企业中主管知识产权的干部领导。

二、 企业知识产权管理人员配置

在知识产权管理部门人员选派方面，目前大中型企业均应配备知识产权专业管理人才。知识产权部门应该有知识产权体系审核员，牵头建立健全公司知识产权管理网络；技术部门应有专利代理人，商标部门应有商标代理人，法务部应有知识产权专业律师。

管理人员专业化是现代企业管理的大趋势，许多跨国公司对此均十分重视。如美国IBM公司其有关专利的专门事务由专利律师及专利代理人来处理。在美国本部就有一百多位专利律师，其他地区则有一百多名专利代理人。当然，国内多数企业暂无如此雄厚的人力资源。

因此，权宜之计，一方面企业须加强与外部各类知识产权行政管理机构及事务机构的联系，以及时获得各类知识产权信息和咨询，了解政府政策、行业要求。另一方面，从企业长远发展需求角度看，企业须有意识地培养自己的知识产权专业管理人员。把企业现有的技术成果、专利方面的管理人员和技术合同的法务人员集中起来，进行系统的知识产权法律培训，并鼓励职工参加专利代理人、商标代理人资格考试，努力造就一批既熟悉知识产权法律业务，懂得企业管理知识，又懂得本行业专业技术的高级复合型人才，更好为本企业服务。

三、 企业专利管理的主要内容、 程序和申报流程

1. 专利管理主要内容

(1) 专利技术开发，填写专利申请技术交底书（见附表 D-1）；

(2) 专利申请、维持、放弃的确定，填写知识产权变更、放弃审批表（见附表 D-2）、知识产权维护台账（见附表 D-3）；

(3) 专利评价、评估，填写知识产权评估报告（见附表 D-4）；

（4）专利资产运营（含：专利转让、许可、运用实施、专利作价投资、专利质押等）；

（5）专业技术活动中形成的与专利申请相关档案的管理及技术人员的业务活动规范；

（6）涉及专利技术开发权益的流动人员相关活动的规范；

（7）专利权的保护（含专利侵权监视、专利诉讼及专利边境保护等），填写知识产权纠纷记录台账（见附表 D-5）；

（8）需要向国外申请专利的项目，企业应进行可行性分析；

（9）其他企业专利产权管理事项。

2. 专利管理需要建立的程序

按照标准要求，必须建立的程序有：主程序《知识产权管理手册》和《知识产权管理程序》，子程序《知识产权获取程序》《知识产权维护程序》《知识产权风险管理控制程序》《知识产权信息管理程序》《知识产权实施应用转化程序》和《知识产权管理表单》等。

3. 专利申请审批主要流程

专利申请审批主要流程见图 3-3-1。

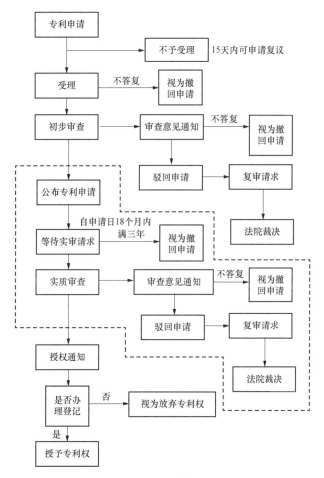

图 3-3-1　专利申请审批主要流程

附录 电力建设企业科技管理标准化手册表单

附录 A 产学研合作表单

附表 A-1 产学研合作单位资格预审调查表

产学研合作单位资格预审调查表

合作单位名称	
合作单位性质	
法人代表	
通讯地址	
邮政编码	
生产地址	
邮政编码	
网址	
联系人	
联系方式、电话、邮箱	
公司营业执照	
组织机构	
人员数量和结构 职工：　　　　　　　　其中 高级工程师：　　　　工程师：　　　　　　技师：	
经营范围	
经营状况 □ 亏损　　　　　□ 良好 请附近三年资产负债表与损益表（应经会计师事务所审计）	

附表 A‑2　产学研合作事项申请表

产学研合作事项申请表

合作项目名称		申请部门		联系人	
		合作单位		联系人	
合作事项简述					
合作经费情况					
申请单位意见		签字：			
审核单位意见		签字：			

附表 A‑3　产学研合作完成情况评价表

产学研合作完成情况评价表

合作项目名称		合作部门		联系人	
		合作单位		联系人	
合作内容描述					
合作任务完成情况					
评价意见		签字：			
审核意见		签字：			

附录 B 企业技术中心运行表单

B.1 科技项目

附表 B-1 科技项目管理流程

科技项目管理流程

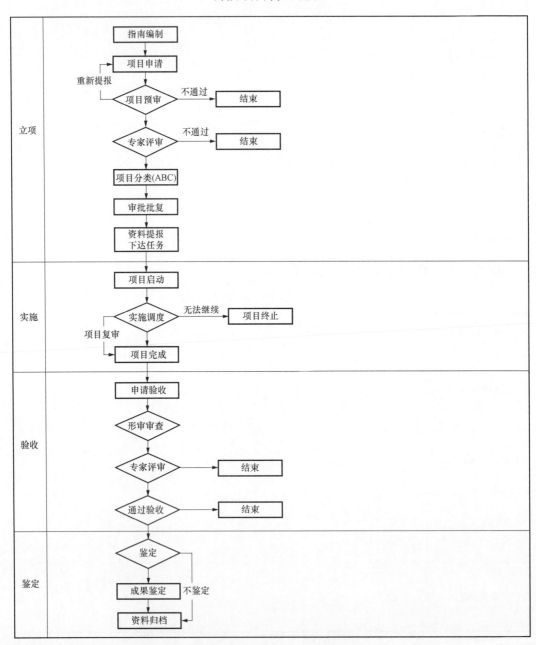

附表 B‑2　科技项目立项申报意向表

×××××公司
科技项目立项申报意向书

科技项目承担单位：_____　专业研发中心_____　　　　　申报日期：_____年____月____日

序号	课题名称	项目类别	载体项目部	科技项目对应实体工程材料费预算（万元）				科研经费预算（万元）	预期成果						项目起止时间	项目负责人及联系方式	查新情况	备注
				总材料费	甲供材费	分包商采购	公司自购	材料费	实用新型专利	发明专利	QC成果	论文	工法	科技进步奖				
															—			
															—			
															—			
															—			
合计研发经费及成果															—			

备注：

附表 B-3　科技项目查新报告

报告编号：

科技项目

科 技 查 新 报 告

项目名称：

查新单位：

查新日期：___年__月__日

查新方式：自行查新（国内）

查新目的：项目立项/项目结项

×××××公司

_____年制

查新项目	

一、查新目的

二、查新项目的科学技术要求

三、查新点与查新要求

四、文献检索范围及检索策略
（一）国外部分：无
（二）国内部分：
1. 检索范围
（1）中国学位论文数据库　　　　　　　　　　　　　1989—2016.10
（2）中国专利数据库　　　　　　　　　　　　　　　1985.4—2016.10
2. 检索渠道
（1）佰腾网 http：//www. baiten. cn/
（2）百度学术 http：//xueshu. baidu. com/
3. 检索策略

五、检索结果
密切相关文献＿＿＿篇：
相关文献＿＿＿篇：

六、查新结论
查新人员（签字）：　　　　　　　　　查新员职称：
审核人员（签字）：　　　　　　　　　审核员职称：
　　　　　　　　　　　　　　　　　　　　＿＿＿＿＿年＿月＿日

七、查新、审核人员声明
1. 报告中陈述的事实是真实和准确的。
2. 我们按照科技查新规范进行查新、文献分析和审核，并做出上述查新结论。

　　　　　查新人员（签字）：　　　　　　　　审核人员（签字）：

　　　　　＿＿＿＿＿＿年＿月＿日　　　　　　＿＿＿＿＿＿年＿月＿日

附表 B-4　科技项目可行性研究报告

×××××公司

科技项目可行性研究报告

（　　　年）

项 目 名 称	
申 报 单 位	
申 报 时 间	

项目名称			
承担单位			
依托项目部			
项目负责人		所在项目	
邮箱		手机	
项目联系人		所在项目	
邮箱		手机	
申报类别		□A类　□B类　□C类	
立项目标（可多选）		□公司级立项　　□政府立项	
研究起止时间			
公司内查新情况			
科技项目对应实体工程材料费预算（万元）	总材料		
	甲供材料		
	分包商采购材料		
	公司自购材料		
科研经费预算	材料费		

研究背景：

科技项目简介：

科技项目创新点概述：

续表

与国内外同类技术对比概况：	
预期目标及取得成果：	
申报单位内部评审结论意见： 申报单位领导意见： 年　　月　　日	

立　项　评　审　委　员　会　意　见		
立项意见	□同意立项　　　　□　不同意立项	
分类意见	□A类　　□B类　　□C类	
推荐意见	□推荐政府立项　　　□　不推荐政府立项	
评价与其他建议： 主任委员： 年　　月　　日		

附表 B-5　科技项目立项计划书

×××××公司
（　　）年科技项目立项计划

| 序号 | 课题名称 | 立项分类 | 依托项目 | 研发经费（万元） | | 起止时间 | 项目负责人及联系方式 | 预期成果 | | 专业研发中心 |
				人工费	材料费			类别	名称	

附表 B-6 科技项目立项申报书

×××××公司

科技项目立项申报书

（　　　　年）

项目名称：

起止时间：

申请单位：

依托项目部：

项目负责人：

联系电话：

电子邮箱：

申请日期：

简　表

项目名称								
项目负责人	姓名		单位					
	性别		年龄		专业		职称	
项目联系人	姓名		电话				邮箱	
协作单位								
研究起止时间	年　月　日　— 　　年　月　日							
申报类别	□A 类　　□B1 类　　□B2 类　　□C1 类　　□C2 类							
立项目标（可多选）	□公司级立项　　　　□地方政府立项							

研究内容、目标和预期成果摘要

1. 研究内容摘要

1.1

1.2

......

2. 研究目标摘要

2.1

2.2

......

3. 预期成果及知识产权摘要

成果类型　　　　　　　预期成果名称　　　　　　　预期取得时间

实用新型专利

发明专利

QC 成果

论文

工法

科技进步奖

4. 知识产权情况

一、研究项目的科技依据

1. 项目研究背景

2. 与国内外同类技术对比分析

3. 应用前景

二、研究内容和技术经济指标

1. 研究内容 1.1 1) 2) 1.2 1) 2) …… 2. 主要创新点 2.1 2.2 …… 3. 技术经济指标 3.1　技术指标 1) (1) (2) 2) (1) (2) …… 3.2　经济指标 1) 项目完成后预期经济效益表

科技项目总投资额（万元）	
科技项目投资回收期（年）	
项目完成后预期新增利润（万元）	

三、研究工作进度安排及目标

阶段时间	计划进度内容	阶段性文档或成果	评审、验证时机和方式

四、项目研究组人员情况

1. 项目负责人简介

2. 项目研究组人员分工

序号	姓名	年龄	职务	职称	专业	本项目中分工	投入项目工作总月数	单位/部门

五、项目经费预算表

总经费（万元）			
经费支出预算		分季度使用预算	
支出科目	金额（万元）	季度	金额（万元）
1. 人员人工费用		年第　季度	
2. 科研材料费		年第　季度	
3. 机械及折旧费		年第　季度	
4. 其他费用		年第　季度	
合计		合计	

注：填写方式详见后附"说明 8——研究开发费用的说明"。

六、申请单位领导审查意见

（对能否保证研究计划实施所需的人力，工作时间等基本条件，经费预算是否合理，有无其他经费来源等提出具体意见）

单位领导（签字）：

年　　月　　日

注： 各专业研发中心（专业公司、子分公司）总工程师签字

附表 B-7 科技项目立项知识产权检索报告

×××××公司
科技项目立项知识产权检索报告

检索日期：　　年　月　日

项目名称	
项目概述及技术要点	
检索关键词	
查询范围	地区：国内 □　　国外 □　　指定国家：
检索方式	自行检索 □　　委外检索 □
检索目的	公司级科技项目立项
相关国内外专利检索结果（检索主题词，相关专利号，专利申请号，申请人，专利名称）	**相关专利一：** 专利类型： 专利申请号： 申请人： 专利名称： 摘要： **相关专利二：** 专利类型： 专利申请号： 申请人： 专利名称： 摘要： 检索方式（佰腾：http：//www.baiten.cn/）
检索专利与本项目的技术对比分析结论	对比文件采用了： 因此本项目与对比文件（□有 □无）抵触， ■ （□具有 □不具有）新颖性，（□符合 □不符合）专利法第二十二条第二款的规定； ■ （□具有 □不具有）创造性，（□符合 □不符合）专利法第二十二条第三款的规定； ■ （□具有 □不具有）实用性，（□符合 □不符合）专利法第二十二条第四款的规定
报告出具部门意见	

审核：　　　　　　　　　　　　　　　　编制：

附表 B-8　应急立项科技项目申请表

××××× 公司

应急立项科技项目申请表

项目名称	
申请单位	
依托项目	
立项目标 （可多选）	□　公司级立项　　　　□政府立项
类别	□公司层面重点关注的重大、热点技术问题 □总部业务部门在能源战略、经营决策、规划设计、建设施工、生产运营等领域遇到的急需攻关解决的重大共性技术需求 □公司开辟新的业务领域，已立项项目不能覆盖新的业务范围 □已立项项目出现重大调整，对高新技术企业运行或集团公司考核造成影响
申请 立项 原因	
主要 研究 内容	
申请 单位 领导 意见	 单位领导（签字） 年　月　日
业务 主管 单位 审核 意见	 科技管理部领导（签字） 年　月　日

附表 B-9 科技项目研发任务书

××××××公司
科技项目研发任务书

项目名称				
项目类别		项目编号		
承担单位		依托项目		
开始时间		完成时间		
研 发 费 用 预 算				
时间	人工费	材料费	设备费	其他费
合计				
年　月　日				
年　月　日				
年　月　日（节点）				
年　月　日				
年　月　日				
年　月　日（节点）				
年　月　日				
年　月　日				
年　月　日（节点）				
年　月　日				
年　月　日				
年　月　日（节点）				
预 期 成 果 获 取				
成果类别	成果名称			申报时间
实用新型专利				
发明专利				
论文				
关键技术成果				
工法				
科技进步奖				
备注：				
项目承担单位领导意见： 单位领导（签字） 年　月　日		批准单位领导意见： 单位领导（签字） 年　月　日		

附表 B-10　科技项目启动报告书

×××××公司

科技项目启动报告书

项目名称				
项目类别			项目编号	
承担单位			依托项目	
开始时间			预期完成时间	
研 发 费 用 归 集 任 务				
人工费	材料费		设备费	其他费
预 期 成 果 获 取 任 务				
成果类别	成果名称			申报时间
实用新型专利				
发明专利				
论文				
关键技术成果				
工法				
科技进步奖				

研 发 人 员 清 单									
工号	姓名	工号	姓名	工号	姓名	工号	姓名	工号	姓名

科 技 项 目 启 动 会 议 纪 要

项目负责人意见： 单位领导（签字） 年　月　日	项目承担单位领导意见： 单位领导（签字） 年　月　日

附表 B-11 科技项目执行情况报告

××××××公司

科技项目季度执行情况信息表

实施阶段：＿＿＿＿＿年第＿＿季度

项目名称			
项目编号		牵头单位	
参与单位			
负责人		联系电话	
填报人		联系电话	

一、项目总体进展情况（包括完成的主要工作及取得的成果）：

二、项目本季度科研进展（包括开展的主要工作及取得的成果）：

三、项目下季度工作计划（包括拟开展的工作及计划完成时间）：
四、存在问题、解决措施及建议：
五、技术资料清单（按照后附的技术资料要求编写提供）：
六、牵头单位审核意见

实施主体审核意见	科技管理部门审核意见
主管领导（签字） 　年　月　日	主管领导（签字） 　年　月　日

附表 B-12 科技项目实施过程知识产权检索报告

×××××公司
科技项目实施过程知识产权检索报告

编号：

项目名称	
项目概述及技术要点	
检索关键词	
查询范围	地区：国内 □　　国外 □　指定国家：
检索方式	自行检索 □　　　委外检索 □
相关国内外专利检索结果（检索主题词，相关专利号，专利申请号，申请人，专利名称）	**相关专利一：** 专利类型： 专利申请号： 申请人： 专利名称： 摘要： **相关专利二：** 专利类型： 专利申请号： 申请人： 专利名称： 摘要： 检索方式（佰腾：http：//www.baiten.cn/）
检索专利与本项目的技术对比分析结论	对比文件采用了： 因此本项目与对比文件（□有 □无）抵触， ■（□具有 □不具有）新颖性，（□符合 □不符合）专利法第二十二条第二款的规定； ■（□具有 □不具有）创造性，（□符合 □不符合）专利法第二十二条第三款的规定； ■（□具有 □不具有）实用性，（□符合 □不符合）专利法第二十二条第四款的规定
报告出具部门意见	
技术中心审批意见	

编制：　　　　　　　　　　　　　　　审核：

附表 B-13　科技项目调整申请表

×××××公司
科技项目调整申请表

项目名称	
申请单位	
依托项目	
项目开始时间	
项目完成时间	
调整内容	□申请项目延期（时间：＿＿＿＿＿＿＿＿＿＿） □变更项目内容（名称、研究内容或载体项目部等） □其他原因：＿＿＿＿＿＿＿＿＿＿
申请 变更 原因	
申请 单位 领导 意见	 单位领导（签字） 年　月　日
业务 主管 单位 审核 意见	 科技管理部门领导（签字） 年　月　日

附表 B-14 科技项目终止申请表

×××××公司

科技项目终止申请表

项目名称				
项目编号				
项目类别		A□ B□ C□		
研究起始时间		申请终止时间		
申请单位	单位名称			
	联系人			
	联系电话		邮箱	
载体项目部				
当前研究情况及项目终止原因				
（500—800字）				
成果申报及获取情况				
（包括专利、科技进步奖、工法、论文、QC、关键技术成果、外部立项）				

研 发 费 用 使 用 情 况			
项目	预算费用	实际使用费用	剩余费用
人工费			
材料费			
机械设备费			
其他费			
合计			

申 请 单 位 意 见

总工程师：　　　　　　（签字）

年　　月　　日

科 技 管 理 单 位 意 见

主管部门领导：　　　　　（签字）

年　　月　　日

附表 B-15 科技项目总结报告

×××××公司
科技项目

总 结 报 告

项目名称：

项目编号：

项目类别：

研究起止时间：

承担单位：

×××××公司

_____年___月

1　科技项目研究背景

2　立项情况及研究任务

　　2.1　立项情况

　　2.2　研究任务

　　（1）研究目标

　　（2）科技成果申报任务

成果类型	预期成果名称
实用新型专利	
发明专利	
关键技术成果	
论文	
工法	
科技进步奖	

3　当前研究所处阶段及主要研究内容

4　当前阶段主要技术创新及成果

　　4.1　主要技术创新

　　4.2　经科技成果申报及获取情况

5　终止研究的主要原因

6　相关成果证书

附表 B-16 科技项目验收申请表

××××公司
科技项目验收申请表

项目名称			
项目编号			
项目类别		A□　　B□　　C□	
研究起始时间		研究完成时间	
申请单位	单位名称		
	联系人		
	联系电话	邮箱	
载体项目部			
申请验收时间	第　　季度	自验收中关键技术鉴定等级	□公司最高水平　□公司较高水平
是否申请鉴定	□是 □否		□公司一般水平　□公司较差水平
研　究　成　果　概　述			

（500—800 字）

成 果 申 报 及 获 取 情 况
（包括专利、科技进步奖、工法、论文、QC、关键技术成果、外部立项）

申 请 单 位 意 见

1. 本项目（□如期完成　□未完成）公司科技项目计划下达所规定的内容和要求。

2. 本项目（□已通过　□未通过）专业研发中心组织的自验收，特申请公司级项目结项验收。

3. 项目产出的关键技术经专业研发中心鉴定达到公司（□最高 □较高 □一般 □较低 □未鉴定）水平。

4. （□申请　□不申请）对项目技术水平进行鉴定。

总工程师：　　　　　　（签字）

年　　月　　日　　　

组 织 验 收 单 位 意 见

主管部门领导：　　　　　（签字）

年　　月　　日　　　

附表 B-17 科技项目研究成果报告

×××××公司
科技项目

（____年第__季度）

研究成果报告

项目名称：

项目编号：

项目类别：

研究起止时间：

承担单位：

×××××公司

_____年___月

1 科技项目研究背景

2 立项情况及研究任务

　2.1 立项情况

　2.2 研究任务

　（1）研究目标

　（2）科技成果申报任务

成果类型	预期成果名称
实用新型专利	
发明专利	
关键技术成果	
论文	
工法	
科技进步奖	

3 主要研究内容

4 主要技术创新及成果

　4.1 主要技术创新

　4.2 经科技成果申报及获取情况

　4.3 国内外同类技术对比

序号	内容	项目成果	与国内外同类技术对比
1			
2			

5 经济社会效益

　5.1 经济效益

　5.2 社会效益

6 自验收情况及后续工作计划

　6.1 自验收情况

　6.2 后续工作计划

7 相关成果证书

附表 B-18 科技项目经费决算表

×××××公司
科技项目经费决算表

项目编号		项目承担单位	
项目名称			

科 目	预 算（万元）	支 出（万元）
1. 人工费		
2. 材料费		
3. 机械费		
4. 技术咨询费		
5. 查新费		
6. 差旅费		
7. 委托设计费		
8. 研讨费		
9. 会议费		
10. 试验费		
11. 培训费		
12. 咨询费		
13. 办公费		
14. 知识产权转让维护费		
15. 废料冲减费		
16. 工艺评定费		
17. 专项措施费		
总计		
结余经费		

财务部门盖章

附表 B-19　科技项目验收意见书

科技项目验收证书

山东一科验字〔201＿＿＿〕第　号

项　目　名　称：_____

完　成　单　位：_____

组织验收单位：_____（盖章）

验　收　日　期：_____

验收批准日期：_____

×××××公司

年　月　日

简　　表

项目名称						
项目负责人	姓名	工作单位				
	性别		年龄		专业	职称
项目分类	技术开发	技术引进		基础研究	软科学研究	推广应用
项目组人员组成	数量	博士		高工		其他
		研究生		工程师		
总经费（万元）				起止年限		
项目主要研究内容						

一、科技项目简要说明及主要技术指标

1. 项目来源或研究背景：

2. 主要技术创新点：

3. 性能指标及与国内外同类技术比较：

4. 应用情况，或推广应用的范围、条件和前景：

二、经济社会效益和推广应用

1. 经济效益

2. 社会效益

3. 市场前景和推广应用

三、主要技术文件目录及完成单位

验 收 意 见

　　年　月　日，×××××公司在＿＿召开了"×××××××"科技项目验收委员会。验收委员会专家听取了研究组科技项目完成情况和关键技术成果的汇报，审阅了技术资料，经质询和讨论，形成意见如下：

　　1. 提供的验收技术资料齐全，内容翔实，符合验收要求。

　　2. 该项目针对××难题，进行了专项研究，形成了××新技术，取得了良好的效果。

　　3. 主要成果及创新点：

　　1）研究采用××技术，解决了××难题，提高了工效和质量。

　　2）通过对××技术的分析，提出了××解决方案，形成了××技术，达到了××效果。

　　4. 项目研究成果已成功应用于××工程项目，形成了＿＿＿专利技术和＿＿＿施工工法，经济效益和社会效益明显，具有推广应用价值。

　　该项目成果达到＿＿＿＿水平。

　　验收委员会专家一致同意该项目通过验收。

　　针对本项目的关键技术成果，建议：

验收委员会主任：＿＿＿＿＿副主任：＿＿＿＿＿、＿＿＿＿＿

＿＿＿年＿＿＿月＿＿＿日

组 织 验 收 单 位 意 见

项目名称：

意见：项目如期完成计划下达所规定的内容和要求，同意专家委员会验收意见。

主管领导签字：＿＿＿＿＿＿＿＿＿（盖章）

＿＿＿＿年＿＿＿＿月＿＿＿＿日

主 要 完 成 人 员 情 况 表

序号	姓名	专业	职称/职务	文化程度	工作单位	对成果创造性贡献
1						
2						
3						
4						
5						
6						
7						
8						
9						
10						
11						
12						
13						
14						
15						

验 收 委 员 会 名 单

序号	验收会职务	姓名	工作单位	专业	职称/职务	签名
1	主任委员					
2	副主任委员					
3	委员					
4	委员					
5	委员					

附表 B-20 科技项目季（年）度验收报告

××××公司
科技项目年（季）度验收报告

（＿＿＿年＿＿＿季度）

一、验收情况概述

　　＿＿＿年预计验收科技项目＿＿＿项，延期＿＿＿项，重新审议＿＿＿项，实际验收＿＿＿项，其中通过验收＿＿＿项，终止＿＿＿项，不通过验收＿＿＿项，验收通过率为＿＿＿％，各单位验收概况如下：

单位	验收数量	通过验收	终止	不通过验收	验收通过率	备注

二、验收情况明细

序号	单位	类别	项目名称	立项结果

三、后续工作计划

序号	单位	类别	项目建议	备注
			项目名称： 建议：	

四、验收结果分析

五、下一步工作要求

B.2 科技成果

附表 B-21 企业级工法申报表

企业级工法申报表
(年度)

工法名称					
主要完成单位					
联系人				手机	
电子邮箱				电话	
通讯地址				邮编	
主要完成人	姓名	技术职称	手机	工作单位	
工法应用实例	工程项目名称			工法应用时间	
关键技术	名称				
	评审单位				
	评审时间及级别				
专利情况	专利名称及专利号				
关键技术获奖情况	获奖名称				
再次申报工法	原工法名称				
	现工法名称				
	完成单位				
	批准文号				
	工法编号				

工法内容简述：
关键技术及知识产权（专利）简介：
关键技术的先进性和技术难度（是否达到国内领先或国际先进、领先水平）简介：
工法成熟、可靠性说明：
工法应用及前景简介：
经济效益和社会责任：
主要完成单位意见： 负责人签字： 年　月　日

附表 B-22 企业级工法评审表

企业级工法评审表
(年度)

工法名称：评审编号：

申报部门	
主要完成部门	
主要完成人	

关键技术评述：

序号	评审内容	评审结果		
		优良 （8～10分）	一般 （5～8分）	较差 （0～5分）
1	正确性			
2	关键技术先进性			
3	成熟可靠性			
4	工艺原理科学性			
5	工艺流程合理性			
6	应用广泛性			
7	节能减排合规性			
8	文本结构逻辑性			
9	语言文字准确性			
10	经济效益和社会责任			
评审总得分				

主、副审人评审意见（应有定性、定量简要描述）：

主审签字：　　　　　副审签字：

专业组评审意见（需有明确的推荐意见）：

1. 建议推荐省部（行业）级工法
2. 建议通过公司级工法评审
3. 建议通过整改后重新申报
4. 淘汰

评审组组长签字：

年　月　日

附表 B-23　科学技术进步奖申报书

科学技术进步奖申报书

(年度)

一、项目基本情况

项目名称	中文			
	英文			
主要完成人				
主要完成单位				
奖励类别'(选项)	□技术开发　　　　□新技术集成 □先进技术推广应用　□社会公益 □重大工程		等级	
			项目名称可否公布	
科技成果分类	1		代码	
	2		代码	
	3		代码	
任务来源	A. 国家（部门、地方）计划（基金） B. 独立集团公司（电网、发电等） C. 横向委托　　　　D. 自选　　　　E. 其他			
计划（合同）名称和编号				
授权发明专利（项）			授权的其他知识产权（项）	
研究起止时间	起始：　　年　月　日		完成：　　年　月　日	

133

二、项目简介

(800—1200 字)

（应包含项目所属科学技术领域、立项背景、主要科技内容、授权专利情况、技术经济指标、促进行业科技进步作用及应用推广情况。）

三、主要科技创新

1. 立项背景

（应概述立项时国内外相关科学技术状况，主要技术经济指标，尚待解决的问题及立项目的。）

2. 主要科技创新

（是评价该项目是否符合授奖条件的主要依据，主要科技创新点应按照重要程度排序，每项科技创新要首先说明所属的学科分类名称和支持其成立的专利授权号、论文等相关旁证材料。）

3. 与当前国内外同类技术主要参数、效益、市场竞争力的比较

［应就项目的总体科学技术水平、主要技术经济指标同当前国内外最先进同类技术进行全面比较（最好用数据或图表方式），同时加以综合叙述。］

四、客观评价

1. 相关部门正式做出的技术检测报告、验收意见、鉴定结论等

2. 国内外同行在重要学术刊物、学术专著、重要国际学术会议上公开发表的学术性评价意见等

3. 其他公开发布的学术性评价意见〔非公开资料（如私人信函等）不能作为评价依据。〕

五、应用情况、经济效益和社会效益

1. 应用情况

（应就项目的生产、应用、推广情况及预期应用前景进行阐述，并以列表方式说明主要应用单位情况。要求项目整体技术应用 2 年以上。）

（不超过 800 字）

主要应用单位情况表（不超过 15 个）

应用单位名称	应用技术	应用对象及规模	应用起始时间	应用单位联系人及电话	已提交应用证明（√）
			年　　月		
			年　　月		
			年　　月		
			年　　月		
			年　　月		
			年　　月		
			年　　月		

2. 近三年经济效益 单位：万元人民币

自然年	完成单位		主要应用单位	
	新增销售额	新增利润	新增销售额	新增利润
累计				

经济效益的有关说明及各栏目的计算依据：

（介绍完成单位和"主要应用单位情况表"中所列单位近三年应用本项目技术所取得的经济效益情况。包括与项目技术应用有关的销售额，节约成本、降低能耗等情况，及院校、科研院所技术合同收入。填写经济效益数据应注明计算方式）

（不超过 400 字）

3. 社会效益

（应说明本项目在解决行业技术问题、推动科学技术进步、保护自然资源和生态环境、改善人民物质文化生活、提升健康水平、提高国民科学文化素质和培养人才等方面所起的作用。）

（不超过 600 字）

六、曾获科技奖励情况

获奖项目名称	奖励年度	奖励名称	奖励等级	主要获奖人	授奖单位

七、主要知识产权和标准规范等目录

知识产权（标准）类别	知识产权（标准）具体名称	国家（地区）	授权号（标准编号）	授权（标准实施）日期	证书编号（标准批准发布部门）	权利人（标准起草单位）	发明人（标准起草人）	发明专利（标准）有效状态

承诺：上述知识产权和标准规范已征得未列入项目主要完成人的权利人（发明专利指发明人、标准规范指起草人）的同意。

第一完成人签名：

八、主要完成人情况表

姓　　名		性　　别		完成人排序	第　完成人
出生年月		身份证号		国　　籍	
行政职务		归国人员		归国时间	
技术职称		最高学历		最高学位	
毕业学校		毕业时间		所学专业	
电子信箱				移动电话	
通讯地址				邮政编码	
工作单位				办公电话	
完成单位					
参加该项目的起止时间		年　　月　　至　　年　　月			

对该项目技术创造性贡献：

（应写明完成人对"主要科技创新"中所列第几项科技创新做出了贡献，以及支持本人贡献成立的旁证材料）（不超过 200 字）

本人在该项技术研发工作中投入的工作量占本人同期工作总量的百分比为＿＿％。

曾获奖励及荣誉称号情况：

声明	本人同意完成人排名，并如实提供了本推荐书的相关材料，所提供材料不存在任何违反《中华人民共和国保守国家秘密法》和《科学技术保密规定》等相关法律法规及侵犯他人知识产权的情形，并对其真实性负责。如有不符，本人愿意承担相关后果。且确认上一栏目中所列本人对该项目的技术创造性贡献及本人在该项技术研发工作中投入的工作量占本人同期工作总量的百分比。 本人签名： 年　　月　　日

九、主要完成单位情况表

单位名称				完成单位排序	第　完成单位
单位性质		所在地		传　真	
联系人		联系电话		移动电话	
通讯地址				邮政编码	
电子信箱					
开户名					（第一完成单位填写）
开户银行					（第一完成单位填写）
银行账号					（第一完成单位填写）

对该项目科技创新和推广应用情况的贡献：

（不超过 400 字）

声明	本单位同意完成单位排序，并如实提供了本推荐书的相关材料，所提供材料不存在任何违反《中华人民共和国保守国家秘密法》和《科学技术保密规定》等有关法律法规及侵犯他人知识产权的情形，并对其真实性负责。如有不符，本单位愿意承担相关后果。且确认上一栏目中所列本单位对该项目技术创新和应用的贡献。 　　　　　　　　　　完成单位（公章）： 　　　　　　　　　　　年　月　日

注：单位性质按以下规范（连同相应的字母）填写：

　　A 设计单位；B 制造单位；C 施工单位；D 生产单位；E 科研单位；F 高校；G 其他

附表 B-24　科学技术进步奖申报应用证明

应用证明

项目名称	
应用单位	
单位注册地址	
应用起止时间	

经济效益（万元）		
自然年	新增销售额	新增利润
累计		

所列经济效益的有关说明及计算依据：

具体应用情况：

应用单位盖章
年　月　日

附表 B-25 关键技术成果评价申请表

关键技术成果评价申请表

成果名称				
研究起始时间		研究终止时间		
单位名称			联系人	
主要完成单位				
主要完成人				
任务来源	（　）	1—国家计划；2—省部计划；3—电建计划；4—自立；4—其他		
成果有无密级	（　）	0—无 1—有　密级　（　）	1—秘密 2—机密 3—绝密	
申请评价时间				

<table>
<tr><td colspan="5" align="center">内容简介</td></tr>
<tr><td colspan="5">

一、任务来源或研究背景
二、主要技术创新点
三、性能指标及与国内外同类技术比较
四、推广应用的范围、条件和前景

</td></tr>
<tr><td colspan="5" align="center">申请评价单位意见</td></tr>
<tr><td colspan="5">

负责人签字
年　月　日

</td></tr>
<tr><td colspan="5" align="center">组织评价单位意见</td></tr>
<tr><td colspan="5">

□同意评价□不同意评价

主管领导（签字）：
年　月　日

</td></tr>
</table>

评价的成果应满足以下要求：①技术资料是否齐全完整，并符合规定；②应用技术成果是否具有创造性、先进性，成熟程度是否可靠；③核心技术的知识产权是否采取了有效保护措施；④应用技术成果的应用价值、推广条件和前景是否满足要求。

144

附录 C　高新技术企业运行表单
(研发费用及高新技术服务收入)

附表 C-1　项目部年度经营成本预算表

×××××公司
××××项目部年度经营成本预算表

单位：万元

序号	项目部	专业公司	营收预算	成本预算						
				总金额	其中：人工费	材料费	固定资产（机械设备）购置	固定资产（机械设备）折旧	机械租赁费	分包款

附表 C-2 科技人员人数统计表

×××××公司
科技人员人数统计表

序号	项目部/部门	专业公司	总人数	科技人数	备注
1					
2					
3					
4				—	
5				—	
6				—	
7				—	
8				—	
9				—	
10				—	

附表C-3 科技人员名册

×××××公司

科技人员花名册

序号	项目部	所在部门(或者专业)	姓名	性别	年龄	出生年月	学历	身份证号码	毕业时间	毕业院校	专业	工作时间	职务、岗位	职称	学历
1															
2															
3															
4															

附表 C-4　研发材料领料单

×××××公司

研 发 材 料 领 料 单

项目部		领用部门		领料单编号	
科技项目编号			科技项目名称		
仓库			领用时间		

序号	物资名称	材质	规格	型号	技术标准	单位	单价	本次领用数量	金额	备注	合同编号	入库单编号	需用计划单编号
汇总													

发料人：　　　　　　　　领料主管：　　　　　　　　领料人：

附表 C-5　研发材料费用明细单

×××××公司

项目部＿＿＿＿＿年＿＿月份科技项目研发材料费用明细单

项目部	年度	月份	仓库	物资名称	材质	规格	型号	技术标准	单位	单价	本次领用数量	金额	合同编号	入库单编号	需用计划编号	领用部门	领用时间	领料主管	领料人	科技项目编号

审核：　　　　　　统计：　　　　　　日期：

附表 C-6 研发材料领料单与发票明细表

×××××公司

研发材料领料单与发票明细表

项目部（子分公司）：　　　　　　　填表日期：

序号	发票号码	开票单位	发票金额	研发领料单 RD 编号	研发领料单金额	备注

注：本表格由项目部物资供应管理人员（或子分公司物资管理人员）在将研发材料领料单及发票交财务入账时填写，填写后邮件发送发科技管理部财务专工。

附表 C-7　研发设备折旧费用明细表

×××××公司

研发设备折旧费用明细表

项目部（子分公司）：　　　　　　　　　填表日期：

序号	研发项目编号	自有设备名称及型号规格	折旧费用	使用项目部	使用部门	备注

注：本表由项目部领料人或子分公司科技专工填写，每月上报财务资金部门。

附表 C-8 租赁机械设备费使用明细表

×××××公司

研发租赁机械设备费使用明细表

项目部（子分公司）：　　　　　　　　　填表日期：

序号	研发项目编号	机械设备名称及型号规格	使用台班考勤	租赁费用	使用项目部	使用人	备注

注：本表由项目部领料人或子分公司科技专工填写，每月报送财务资金部门。

附表 C-9 高企运行月度会议汇报表

×××××公司
__月份高企运行月度会汇报材料及__月份部门工作计划

序号	部门	当月工作计划	当月工作完成情况	存在的问题及解决措施	月度会议汇报内容	下月工作计划	备注
1							
2							
3							
4							
5							
6							
7							
8							
9							
10							
11							

附表 C-10　×××××公司××年度高新收入计划

×××××公司××年度高新收入计划

单位：万元

序号	单位名称	公司营业收入计划	计划比例	高新收入计划
（一）	国内项目			
1	年度在建项目			
1.1	××项目部			
1.2	××项目部			
	…			
	…			
（二）	国外项目			
1	年度在建项目			
1.1	××项目部			
1.2	××项目部			
	…			
	…			
（三）	子分公司			
1	××工程公司			
2	××工程公司			
	…			
	…			
	合计			

附表 C-11　××××年××月高新技术服务收入占比计算表

××××年××月高新技术服务收入占比计算表

核算单位：				
工程名称：				
合同金额 （或结算金额）：		商务人员填写		单位：元
财务账面确认收入：		财务人员填写		
PS 编号	PS 项目名称	划分高新收入金额	占比	财务入账金额
PS01	高等级大容量发电机组建筑施工技术专业化服务收入	—		
PS02	高等级大容量发电机组安装施工技术专业化服务收入	—		
PS03	大容量电站安全稳定运行调试技术专业化服务收入	—		
PS04	高等级电网工程施工成套技术专业化服务收入	—		
PS05	大型火力发电机组检修维护技术专业化服务收入	—		
PS06	新能源电力工程建筑安装施工技术专业化服务收入	—		
PS07	大型核电工程建筑安装施工技术专业化服务收入	—		
PS08	基础设施工程施工技术专业化服务收入	—		
PS09	高等级大容量境外电站工程施工技术专业化服务收入	—		
PS10	电力及基础设施工程设计技术服务收入	—		
PS11	电力工程焊接及热处理施工技术专业化服务收入	—		
	高新收入合计			
	其他收入			
	总计	—		

附录 D　知识产权管理表单（专利技术）

附表 D-1　专利申请技术交底书

专利申请技术交底书

专业研发中心：

专利技术主笔：

总工审核批准：

组织者与电话：

科技项目编号：

编号：

申请人（公司/自然人）	×××××公司
专利主题名称	技术人员填写
申报类型	发明、实用新型、双报（原则上以发明为主，同报实用）
发明人（自然人）	仅填主要编写技术员
技术联系人 及其电话、E-email	

一、区别特征的描述：（包括但不限于）

1. 检索路径（链接）和现有技术的专利号和专利名称：

2. 本发明与最接近现有技术的区别特征（简要描述）：

3. 现有技术的缺点：

4. 本发明解决现有技术缺点的技术方案和取得的技术效果（简要描述）：

二、本专利的技术：（包括但不限于）

1. 技术领域：写明要求保护的技术方案所属的技术领域。

2. 背景技术：写明对发明或者实用新型的理解、检索、审查有用的背景技术；有可能的，并引证反映这些背景技术的文件；确保所要解决的技术问题、具体实施的技术方案、获得的有益效果三者是紧密关联、一脉相承的，并且是侧重工业技术层面，一定要是技术性的方案。

3. 发明内容：写明发明或者实用新型所要解决的技术问题以及解决其技术问题采用的技术方案，并对照现有技术写明发明或者实用新型的有益效果。

4. 附图说明：有附图（实用必要，发明建议要），对各幅附图作简略说明。

4.1 附图优选自绘制 CAD 制图。

4.2 图片背景要单一，须为制图标准所要求的黑白线稿，能清晰的表明产品的关键部件。

5. 具体实施方式：详细写明为实现发明或者实用新型的优选方式；必要时，举例说明；有附图的，对照附图。

5.1 应当用行业术语，清楚完整地写明技术方案，比如产品是由什么部件构成，及各部件之间的连接关系、运动关系、位置关系等，以及本专利的原理或运动方式。

5.2 创新技术点需要着重描述，与现有技术相同的技术点可以简略说明。

5.3 若产品的制造、生产、使用等方法上有改进，请具体说明其全部的工艺流程并指出在哪个步骤中有改进点

附表 D-2　知识产权变更、放弃申报审批表

知识产权变更、放弃申报审批表

编号：

知识产权名称	
知识产权主要内容	
变更、放弃主要原因	
专业研发中心意见	负责人：　　　　　　　　年　　月　　日
知识产权办公室审查意见	负责人：　　　　　　　　年　　月　　日
知识产权办公室审查意见	负责人：　　　　　　　　年　　月　　日
知识产权管理者代表审查意见	负责人：　　　　　　　　年　　月　　日
备注	

附表 D - 3　知识产权维护台账

知识产权维护台账

编号：

序号	申请日	授权日	证书号	发明人	缴费日	类型	备注

备注：实际应用中，可根据实际情况变更表格格式与内容。

附表 D-4 知识产权评估报告

知识产权评估报告

编号：

评估项目	
项目简述	
知识产权专业所属部门评估结果（附检索报告）	负责人：　　　　日期：　　年　月　日
知识产权主管审查意见	负责人：　　　　日期：　　年　月　日
知识产权办公室意见	负责人：　　　　日期：　　年　月　日
知识产权管理者代表意见	负责人：　　　　日期：　　年　月　日
备注	

附表 D-5　知识产权纠纷记录台账

知识产权纠纷记录台账

编号：

号	纠纷（侵权）类型	时间	相关企业	知识产权类型	处理（结案）结果	备注

参考文献

［1］《中国科技创新政策体系报告》研究编写组．中国科技创新政策体系报告［M］．北京：科学出版社，2018．

［2］黄少坚．国家创新体系与企业研发中心建设模式研究［M］．北京：中国人民大学出版社，2016．

［3］杨志超．国家创新体系建设与自主创新［M］．北京：北京时代华文书局，2017．

［4］屠启宇，张剑涛．全球视野下的科技创新中心城市建设［M］．上海：上海社会科学院出版社，2015．

［5］夏太寿，张玉赋．基层科技创新组织与管理体制研究［M］．南京：南京东南大学出版社，2015．

［6］洪银兴．科技创新体系的完善与协同发展探讨［J］．经济学动态，2016（02）．

［7］李正风．中国科技创新体系制度基础的变革：历程、特征与挑战［J］．科学学研究，2019，37（10）．

［8］杜明俐．发挥科技创新引领作用　促进电力行业科学发展——就推动电力行业科技创新专访国家能源局科技司负责人［J］．中国电业，2018（09）．

［9］何平．国家创新驱动发展战略下提升实体企业研发实力的路径选择［J］．价格理论与实践，2021（04）．

［10］赵玥．新型科研组织产生的理论认识与基本特征［J］．中国高新区，2016（01）．

［11］张乐平，吴斯桃．制度建设与管理创新推动科技创新［J］．科技进步与对策，2002（09）．

［12］宁立成，胡继玲．我国科技创新制度改革研究［J］．科技进步与对策，2014，31（05）．

［13］蒲永锋，申棋仁，马芳武．产学研创新协同资源统筹与管理模式探讨［J］．中国科技产业，2021（10）．

［14］秦效宏，梁林蒙，史高峰．产学研合作模式比较及其优化对策建议［J］．知识经济，2019（18）．

［15］章力．科技创新管理与信息化建设思考［J］．黑龙江科学，2020，11（24）．

［16］吴彬．科技管理体制创新与信息化建设研究［J］．科学中国人，2017（21）．

［17］高巍．山东省创新型科技人才政策体系构建［J］．科技信息，2012（04）．

［18］刘欣，李伟，郭海华．科技项目高效协同管理模式研究与应用浅析［J］．中国设备工程，2021（12）．

［19］黄庆．高新技术企业研发项目财务管理问题研究［J］．纳税，2021，15（30）．

［20］高喜春．高新技术企业研发费用管理研究［J］．商讯，2021（25）．

［21］蔡江锋．高新技术企业研发费用归集探讨［J］．财会学习，2020（36）．

［22］潘春花．《高新技术企业认定管理办法》新规解读［J］．企业改革与管理，2017（10）．

［23］中华人民共和国国家质量监督检验检疫总局/中国国家标准化管理委员会．GB/T 29490—2013 企业知识产权管理规范［J］．北京：中国标准出版社，2013．